JN411032

소설을 읽는 내내 가슴 깊이 묻었던 충격적 기억들이 낚싯줄처럼 끌어올려졌다. 고향 북한에서 직접 겪었던 현장의 이야기다. 고통스런 삶 속에서 하나님을 붙들고 소망을 기도하던 지하교회 농부들이 정면으로 다가온다. 잠복했던 보위부에 체포된 아바이와 오마니가 강제로 군중 앞에 세워졌던 그 순간. "하나님 없다"고 한마디만 하면 살려주겠다는 회유에도 끝내 침을 뱉은 그 용기는 어디서 우러나온 걸까. 증언하는 자와 듣는 자의 시선이 칼날처럼 교차하던 그날, 떨리는 입술로 말씀을 외치다 피를 토하던 모습이 이 책 속에 한자 한자 기록되어 있다. 서늘할 만큼 너무도 정확하게 드러난 북한의 현실. 허름한 마대가 얼굴에 씌워지고 두 손과 두 발이 결박된 채 짐승처럼 트럭에 내던져져 숨조차 막히던 그 순간, 나는 아무것도 할 수 없었다. 독재를 박차고 국경을 넘어도 또 다른 갈등과 상처에 직면해야 하는 탈북민의 내면, 믿음의 심지가 단단해지도록 일깨우는 이 책은 나의 이야기자 우리의 이야기며, 한반도를 품으시는 하나님의 역사다. 통일 사역의 무게를 절감케 한다. 기꺼이 완독을 권한다.

설송아_ 소설가, 『태양을 훔친 여자』 저자

북한은 하나의 거대한 종교국가입니다. '김일성김정일주의' 외에 다른 사상을 인정하지 않습니다. 기독교의 10계명과 비슷하게 북한에는 '10대원칙'이 존재하고 있습니다. 북한주민들은 어릴 때부터 10대원칙을 외워야 합니다. 김일성김정일주의, 즉 유일사상과 10대원칙을 위반하면 최고존엄을 위반했다고 해서 관리소라고 하는 정치범수용시설에 평생 갇혀 인간 이하의 대우를 받으며 살아갑니다. 혁명사적사업법이라고 하는 북한법에는 '3위1체'라는 표현도 등장합니다. 2020년 전후로는 김정은 우상화도 본격화되고 있습니다. 기독교 활동을 하다 잡히면 공개처형을 당하기도 합니다. 그럼에도 불구하고 북한 지하교회는 생명력을 갖고 이어져오고 있습니다. 이번에 출간되는 모퉁이돌선교회의 단편소설집은 순교를 목전에 둔 노인들의 표정이 너무도 평화로웠다고 말합니다. 어떻게 그럴 수 있을까? 내가 노인들이라면 평화로울 수 있을까? 신앙을 지킬 수 있을까? 신앙이 깊지 않은 저로서는 이해하기 힘든 일입니다. 그러나 로마서 1장 17절은 믿음은 믿음에 이르게 한다고 말합니다. 믿음이 더 깊은 믿음으로 인도하였고 주님께서 마음의 평안을 지켜주었다고 생각합니다. 북한 당국이 기독교를 인정하지 않고 박해하다보니 주민들은 미신에 의존하고 있습니다. 단편소설집에 나오는 보미 할머니와 내일이 불안한 사람들을 읽으며 북한의 실태를 더 잘 이해할 수 있었습니다. 무당인 보미 할머니의 이름이 더 유명해지고 몸속에 장군님이 들어왔다는 대목을 읽으면서는 하나님의 이름이 거룩히 여김받고 하나님의 나라가 북한 땅에 임해야 한다는 주기도문이 떠올라 마음이 불편하고 아팠습니다. 저는 성경에 나오는 '제사장 나라, 거룩한 백성' 구절을 좋아합니다. 평소에 통일한국이 땅끝까지 복음을 전하는 제사장 나라, 거룩한 백성이 되게 해달라고 주님께 기도합니다. 남북한이 통일이 되어야 하는 이유이기도 합니다. 보미가 주님이 이끄시는 삶을 살기를, 그리고 모두가 증인의 삶을 살게 무릎 꿇고 기도드린 대목에서 저도 같이 기도했습니다. 통일선교, 북한선교에 마음을 품고 기도하고 계신 분들에게, 북한 종교 및 기독교 연구자들과 관심 있는 분들에게 일독과 지인들에게 선물해 주실 것을 기쁜 마음으로 추천합니다.

이규창_ 통일연구원 선임연구위원

숨김표

숨 김 표

숨겨진 북녘의 이야기들, 단편집

문광서원

차례

해제

머리말

몇 번만 성경배달을 하리라고 생각했던 발걸음이었습니다. 몇 백 권만으로 충분하리라고 생각했던 첫해였습니다. 한 번이 열 번의 중국 방문으로 이어졌습니다. 한두 사람의 도움이 여러 나라의 하나님의 백성들도 함께하도록 이어졌습니다. 만남이 이뤄지고 나눈 이야기들은 북한성도들의 삶이었습니다. 그 성도들의 이야기가 선교보고로 이어지더니 설교로 도전한 한 해 두 해. 그러던 것이 10년이 지나는 동안 20년으로 그리고 이제 만 40년을 채우고 있습니다. 3만 5천명 넘게 탈북한 사람들이 있었기에 북한언어로 성경을 번역해야 했습니다. 그들의 이야기를 읽으면서 다시 눈물이 흐릅니다. 직접 만났고 나누며 울었던 때가 여러 해에 걸친 실제 이야기들이기 때문입니다. 제 속에 숨어있던 이야기들을 드러내 준 이야기들입니다. 함께 나누고 싶어지네요. 이 소설을 읽는 분들의 마음에 북한 지하 성도들을 위해 일할 결심이 생기기길 바랄 뿐입니다.

이삭

한 사람의 기도

이삭

사랑하던 자 중에 위로하는 자가 없고
친구도 다 배신하여 원수가 되었도다

과부들의 눈에서는 눈물이
마른지 오래되었고 처녀들의 목은 쉬어
찬양을 부를 수 없게 되었도다

동족은 평강을 잃었고
평양과 선천의 도로는 공산당들의
군화에 짓밟혔도다
모든 즐거웠던 명절은 우상,
곧 김일성을 향한
어두움의 아침으로 바뀌어졌도다

주의 성소와 성전이 모두 불태워졌고
남은 것은 창고로 사용되고 있도다

주일 아침이면 도시를 깨우던
교회 종소리…
이제 원수의 발 앞에
무릎 끓어 버린지 오래 된
북한 땅 1530 교회…

환난과 군박을 당하던 6·25의 날에
평양은 원수들과 연합하여
동족의 피흘리기를 즐겨하였으니
주의 성소에 원수가 들어가
기물을 빼앗고 불태웠으며
우리는 다만 힘없이
피난길을 떠나와야 했나이다

혹은 배를 타고 바다를,
혹은 산등성이를,
혹은 강을 헤치며 건너다

울며, 넘어지며, 자식을 익사시킨 자
얼마였는지요.

지뢰를 밟아 발을 잃고,
포격에 어미를 잃고
아비 잃은 고아가 얼마이온지요
또 자식이 보이지 않아 헤멘길이
38년 이니이다.

기차덮개 위에 매달려
생명을 연장코자
통통선을 타고 강을 건너
누이를 만나고자…
그러나 남은 것은 주검과
이별뿐이었나이다.

세상 아이의 눈 앞에서
우리들의 아버지는
곡괭이와 삽으로 찍혀
죽임을 당하였사오며
납치 당해 소식을 모른지가
너무 오래 되어
이제는 우리의 눈에서도
눈물이 말랐나이다

이런 원수가 건강함은 어찜이며,

이런 원수들이 창대함은 어찜이니이까
끝내 잊을 수 없는 이 고통이
우리의 혀를 타게 하였음에도
이젠 하나 둘 이산의 아픔마저
잊고 사나이다

하오나
우리에게는 찾아갈 교회가 있었사오며
무릎 꿇을 주님의 집이 있었나이다.
그리스도가 우리를 영접해 주셨으며
형제들의 환대가 있었기에
그 눈물을 씻을 수 있었나이다

그러나 이북 땅,

잊혀진 줄 알았던 그 북한 땅에
그리스도 복음의 영화스러운 소리가
다시 들리니
웬일이오니이까?

중국이 문을 열었사오며,
소련이 문을 연다 하기에
행여나 하여 귀를 기울였으나

원수의 장담하는 소리만
크게 고막을 흔드나이다
그런데 들판에서 찬송하며,
바닷가에서 기도하며
움막에서 믿음지킨 주의 백성들이
있다 하오니
이 기막힌 소식이 웬말이오니이까?

원수의 조롱과 참소 앞에
무릎 꿇어버린 줄 알았던
2천만이 오히려 믿음을 지켜
바알에 무릎꿇지 않고
신앙을 고백한다 하오며
남한의 교회가 부패하였다 하여
위해 기도한다 하오니
이게 무슨 소식이니이까?

시베리아 추위에 떨며
주를 찾아 헤멨다 하오며
세 명에서 많으면 육십여명까지 모여
주의 이름 부른다 하오며
성경을 외우며, 찬송을 300장이나
부를 수 있는 젊은이가

있다는 것은 웬일이니이까?

복음을 위해, 아니 복음만을 위해
살리라고 각오한
당신의 은혜입은 계집종이
있다 하오며

군화 신은 장성들 가운데
어머니의 기도를 기억하며
돌아오는 자 있다 하오니…

500여 순교자의 피를
인함이니이까? 아니면,
회복하실 때를 기다리며
메마른 눈물을 씻어내린
당신의 백성들의
기도 때문이니이까?

여기 백성들의 무리가 그 아픔의 날을
생각하며 부르짖기 위하여 모였나이다.

원수 김일성에게 속아서 총뿌리를
남쪽으로 돌리기만 했던 자 중에

주의 백성은 없나이까?

그들이 회개하거든

주여, 이제라도 저들을 용서하옵소서.

우리도 저들을 용소케 하옵소서.

주께서 십자가에서 남기신 말씀을

기억하게 하사

"저희를 사하여 주옵소서.

자기의 하는 것을 알지 못함이니이다."

여호와여 이제 우리로

중보기도케 하옵소서

저들로 회개하고 돌아오도록

느헤미야와 이사야의 고백처럼

이 모든 피와 이별과 혼란은

"나와 나의 이비집이

범죄함을 인함이니이다"

고백하게 하옵소서

주여, 주의 백성들이 여기 있나이다.

이들이 뉘게로 가오리이까?이들로 주께 나아오는

기쁨을 얻게 하옵소서

북녘땅의 무너진 주의 집을 이제 10배나 더하사

15,300 교회가 800개 김일성 동상을 무너뜨리고

다시 세워지게 하옵소서

한 사람의 기도

〈한 사람의 기도〉는 '북한도 복음화하라'라는 주제로 진행된 '88 북한선교 국제대회 'Love North Korea' 심포지엄(1988년 9월 14-16일, 영락교회)후 발간된 책에(북한 선교 시리즈Ⅱ LNK '88 강연 수록집 북한도 복음화하라, 1989년 4월, 은석논장 발행) 수록되어 소개되었다.

"우리가 하나님의 말씀을 가지고 침투해 들어가는 것은 예수 그리스도께서 대신 죽은 그들을 위해서입니다. 우리는 빛의 자녀들입니다. 고난받는 교회가 있습니다. 많은 교회가 고난을 겪고 있습니다. 북한도 예외일 수 없습니다. 그들은 그들을 점령하고 있는 세력에 의해서 제한을 받고 있습니다. 그러므로 우리가 복음을 들고 그곳에 가야 합니다. 그것 때문에 우리가 선택을 받은 것입니다." - 브라더 앤드류 "억압받는 지역에서 어떻게 선교할 것인가?"(LNK '88의 강연 중에서)

기도자리

노은희

원하는 자리에 앉기 위해 일찍 길을 나섰다. 오늘은 반드시 사수해야만 한다. 자리를 빼앗긴 후, 온전히 주님께 집중하는 예배가 어렵다. 자리를 빼앗겼다는 생각에 사로잡혀 한참 동안 마음이 불편하고, 가슴에서 자란 미움이 깊이 뿌리내리기 시작했다. 바깥으로 나서니, 비가 내린 후의 맑은 공기가 코로 촉촉하게 스며든다. 내 마음과는 달리 파란 하늘빛이 쏟아져 내릴 듯 청명하다.

쭉 뻗은 도로 군데군데 시멘트가 형편없이 파헤쳐져 구두 신은 발길이 조심스럽다. 주일 예배를 위해 아껴두었던 에나멜 구두를 꺼내 신었더니 걸음이 더욱 더디다. 밤새 내린 비로 작은 물웅덩이들이 고였다. 속도를 줄이지 않은 자동차가 씽씽 지나가며 사방으로 시커먼 흙탕물을 튀게 한다. 대번에 얼굴이 찡그려졌다.

새로 건축한 임대 아파트가 보인다. 크림색 류 아파트들 사이에 엷은 에메랄드색 임대 아파트 두 동은 마치 우리 집 고양이 샬롬의 두 눈처럼 빛난다. 샬롬은 동물병원에서 입양해 온 러시아 블루 고양이다. 푸른빛이 도는 회색 털과 초록색 눈을 가진 귀여운 아이다. 조용하고 온순한 성격으로 단모종이라 털도 잘 빠지지 않아, 처음 고양이를 키우는 내겐 좋은 반려묘이다.

골목 사이사이 건물을 짓기 위해 공사 트럭이 주일인데도 쉬지 않고 지나다닌다. 임대 아파트 짓기가 한창이다. 요즘 교회에 새로 등록한 성도들이 늘어난 것도 임대 아파트 덕분이다. 제일 처음 짓게 된 1단지는 북한 이탈주민들에게 우선 공급된 아파트라 들었고, 교회 전도회에서는 탈북자들에게 복음을 전하기 위해 힘썼다, 지난주에도 탈북 모녀가 우리 교회를 찾았다.

멀찍이 주차 봉사를 하는 김지민 집사님이 보였다. 개나리색 원피스를 입고 열심히 주차 봉을 흔들고 있다. 교회 뒤의 산이 아파트에 가려 사라진 지금, 운치가 있던 교회가 점점 인구 밀도가 높아지면서 교회 앞이 번잡해졌다. 가녀린 집사님이 든 붉은 색 주차 봉이 유난히 커 보인다. 목에 걸린 은빛 호루라기는 제법 경쾌한 소리를 냈다. 나는 크게 손을 흔들었지만, 집사님은 마스크를 쓴 내 얼굴을 알아보지 못했다.

교회 주차장에 차가 반도 차지 않은 모습을 보자 비어있는 공터만큼, 마음이 뻥 뚫린 듯하다. 코로나가 빨리 종식되어서 예배 인원 제한이 속히 풀렸으면 좋겠다. 나는 1부에서 예배를 드리고 친구 영신이는 2부 예배를 보니 만나지도 못한다. 중앙현관 쪽에 버려진 혹은 찾아가지 못한 우산들이 한쪽에 듬성듬성 꽂혀있다. 젖은 신발이 밟고 지나간 붉은 카펫은 얼룩덜룩하다. 미끄러지지 않도록 계단 앞에는 여러 겹의 신문지가 깔려 있다.

1층은 1부 예배를 보고 떠난 아이들 때문에 텅 비었다. 어린이들의 예배 장소에는 어른들 영상 예배를 위한 노트북과 카메라가 설치되었다. 아이들의 성경 암송 소리로 시끌시끌한 풍경이 그려지자 저절로 입가에 미소가 지어졌다. 입 맞추어 찬송을 부르던 어린이 성가대의 모습도 떠올랐다. 아이들이 파란색 성가 복을 맞춰 입고 노래를 부를 때 얼마나 귀여운지 모른다. 나선형 계단을 따라 2층으로 향하면서 엘리베이터를 탈 걸 그랬나 싶었다. 내 자리를 잡기 위해 일찍 나섰는데 풍경을 구경하느라 모두 허사가 되었다.

지난해 2층으로 올라가는 엘리베이터를 설치할 때, 의견들이 분분했다. 하지만 교회가 설립 30주년을 맞이했고, 나이 드신 권사님들의 부실한 무릎을 위해 세워졌다. 건강한 두 다리로 꾸준히 주님을 섬긴 권사님들을 위해, 나는 튼튼한 두 다리로 걸어 올라갔다. 주일 아침이면 나이 드신 권사님들을 모셔다드리느라 엘리베이터는 띵동띵동- 경쾌한 벨 소리를 내며 바쁘다.

중앙통로를 사이에 두고 우측 맨 뒷자리는 내게 익숙한 자리다. 예배를 시작하기 전, 주님을 크게 세 번 부르짖고 기도하는데, 그곳에 앉아야만 제대로 된 통성기도가 나왔다. 부족한 나의 믿음이, 오롯이 주님께 집중할 수 있는 자리다. 왠지 사람들과 섞여 앉으면 누가 내 기도를 듣고 있는 건 아닌지- 마음이 불편했다. 성도들과의 적당한 거리가 유지되는 맨 뒷자리는 마음의 안정을 주는 편안한 자리다. 뒤에서 누군가의 시선을 느끼지 않아도 되는 마음에 쏙 드는 자리다. 요즘에는 거리두기가 강화되어 가까이 앉는 사람도 없어 심적으로 더욱 편했다.

맨 뒷자리에 앉지 못한 날에는 다른 사람이 들어도 괜찮은 기도만 할 수 있었다. 비밀스러운 이야기를 할 때는 나도 모르게 웅얼웅얼 목소리가 작아졌다. 가족에 관한 이야기나, 최근 일어난 일에 대한 심경 같은, 지극히 개인적인 일들을 고백할 수 없었다. 다른 성도들의 눈치가 보였다. 가끔 나도 모르게 목소리가 커지면 가느다랗게 실눈을 뜨고 주변을 슬쩍 살피곤 했다. 새롭게 등록한 신자가 아니고는, 맨 뒷자리에 잘 앉지 않아서 한 주가 지나면 다시 탈환할 수 있는 나만의 자리였다. 뒷자리를 빼앗긴 날이면 예배를 마친 후, 일부러 성경을 두고 나갔다. 지난 주보를 놓아두는 것만으로도 효과가 있어서 무언가 물건이 놓인 자리에는 성도들도 잘 앉지 않았다.

매주, 예배당의 풍경은 크게 다르지 않다. 머리칼이 희끗희끗한 권사님들이 맨 앞자리에 앉으신다. 그 주 대표 기도를 하시는 분도 앞자리에 앉아 계신다. 중간쯤에는 가족 단위로 예배를 보러 오는 성도들이 차지한다. 청년부 예배도 전면 중지되어서 드문드문 청년들이 뒷자리를 차지하긴 하지만, 맨 뒷자리에는 잘 앉지 않았다. 신기하게도 자리가 잘 변하지 않는다. 알게 모르게 예배당에 지정석이 생긴 셈이다. 내 자리로 알고 있을 맨 뒷자리는 누구도 탐하지 않는, 오롯한 나만의 자리였다. 그녀가 등장하기 전까지는, 교인들에게 암묵적으로 내 자리로 인정받았다.

강대상에 꽃꽂이가 유난히 아름답다. 하얀 백합으로 장식한 꽃은 밝은 예배당을 더욱 환하고 빛나게 만들어준다. 순백의 백합은 그윽한 꽃향기로 예배자들을 맞이해 주었다. 북한에서 넘어온 새터민 아주머니의 솜씨다. 목사님의 말씀에 따르면, 북에서 지하교회를 섬겼던 굳건한 신앙의 소유자로, 지금도 은밀히 북한 사역을 돕고 계신 분이다. 하지만 나는 요즘 그녀로 인해 심기가 불편하다. 자꾸만 나의 안락한 자리를 노리는 그녀로 인해 마음이 조급하다. 9시 예배를 보기 위해서는 30분 일찍 집을 나서면 충분했다. 잰걸음으로 걷지 않아도 되는 넉넉한 시간이었다.

하지만 지금은 사정이 달라졌다. 맨 뒷자리에 앉아 예배를 드리기 위해서는 15분쯤 집에서 나와야 한다. 시간이 조금 빨라졌을 뿐인데, 무언가 리듬이 깨졌다. 주일 아침의 안락함이 사라졌다. 그녀가 등장하기 전까지만 해도, 예배를 보러오는 나의 발걸음은 가벼웠다. 어떤 기도 제목이 좋을지 생각하며 느긋하게 걷는 주말 아침은 소박한 행복이었다. 준비한 헌금 봉투에 감사한 내용을 또박또박 적어 넣으며 한 주를 돌아보는 여유도 있었고, 주보를 나눠주시는 집사님께 살뜰하게 안부를 챙겨 묻기도 했다. 교회 소식이 붙은 게시판을 찬찬히 훑어보며 볼만큼 넉넉한 여유가 있었다.

하지만, 그녀로 인해 일요일 아침이면 교회에 가기 바쁘다. 자리에 앉기까지는 마음이 불안하다. 오늘도 역시나 실패다. 새터민 아주머니가 나보다 일찍 와서 자리를 점령해버렸다. 순간적으로 마음에 짜증이 일었다. 예배를 드리기 전, 누군가를 향해 품는 미움이 스스로 부끄러웠지만, 별다른 수가 없다. 성도들은 큰 소리로 찬송을 부르며, 진실한 마음을 고백하고 있다. 눈이 마주치면 밝은 미소를 보내며 아는 체를 하기도 한다. 고난 주일을 앞두고 부활과 관련한 찬양에는 힘이 넘쳤다. 예배를 이끄시는 부목사님께서 말씀하셨다.

"주님을 세 번, 크게 부르짖고 통성기도를 하겠습니다."

부목사님께서 힘찬 음성으로 양손을 높이 들고 주님을 부르짖자. 성도들도 기다렸다는 듯이 주님을 외쳤다. 교인들의 기도 소리로 예배당이 꽉 찼다. 주님을 부르짖는 소리에는 간절함이 묻어났다. 나도 맨 뒷자리에 앉았더라면, 지금쯤 마음에 있는 바람들을 하나씩 쏟아놓으며 진실한 기도를 했을 참이다.

힐끗 뒤를 돌아보니 새터민 아주머니는 두 손을 높이 들고 절절한 마음을 토해내고 계셨다. 몸을 뒤틀며 기도하는 모습이 어쩐지 얄미웠다. 마른 장작이 타는 듯이 몸을 비틀 듯 꼬는 모습이 낯설다. 북한의 기도는 참 요상스럽다는 생각이 든다. 예배당을 가득 채우는 잔잔한 피아노 반주에 맞추어 모두가 주님께 가까이 다가서는 사이, 홀로 외톨이가 된 듯한 마음에 속상했다. 나는 작은 목소리로 중얼거리며 기도했다. 주님, 다음 주에는 맨 뒷자리에 꼭 제가 앉을 수 있게 해 주세요. 주님도 알고 계시잖아요. 원래 저의 자리였다고요. 뺏기고 싶지 않아요.

나는 방언하는 성도들이 부러웠다. 주님과만 대화할 수 있는 방언을 들으면, 언젠가는 내게도 방언의 은사를 주시겠지, 막연히 기대했다. 주님과 나만의 소통의 언어! 그것은 상상만으로도 가슴이 벅찼다. 맨 뒷자리에 앉지 못하자 공연히 온전한 예배를 드리지 못한 것 같아, 찜찜한 기분이었다. 새터민 아주머니는 예배가 끝나고도 빼앗은 내 자리에 앉아 계속 눈을 감고 기도하고 계셨다. 편안한 표정으로 기도하고 있는 아주머니가 왠지 얄미웠다. 다음번에도 내 자리를 탐한다면 얘기를 좀 해야겠다. 오늘은 다음 주 부활절 준비 때문에 바빠 1층으로 서둘러 내려가야 한다.

예배를 마치고 교사들의 모임이 있다. 다음 주가 부활절이기 때문에 해야 할 일이 많았다. 영상 예배도 준비해야 하고, 아이들에게 좀 더 특별한 선물을 주고자 목장갑으로 닭을 만들어 비대면으로 전달하기로 했다. 부활의 의미를 아이들에게 전달하고 싶은 교사들의 애정이었다. 어린이 예배당으로 내려가자 준비에 한창이다. 작업량이 많으니, 일단 재료가 소진된 후, 회의를 열기로 하고 일을 시작했다. 작업할 것들은 생각보다 방대했다. 어미 닭을 만드는 것, 그 자체가 수월하지 않은 일이다.

목장갑을 연두색과 노란색 염료에 담가 염색하고, 부직포를 잘라 노란 부리와 빨간 벼슬을 만들어 단다. 장갑 속에 말씀을 적어 넣은 삶은 달걀을 넣고, 땡땡이 리본 테이프로 야무지게 손가락 모양을 질끈 묶는다. 강력접착제를 이용해 인형 눈알도 달아야 하고, 작은 크기의 바구니에 담아, 둥지에 앉은 어미 닭의 모양이 만들어져야 비로소 완성되는 제법 손이 가는 작업이다. 하지만, 누구 하나 불평 없이 일을 감당하고 있다.

인근 호수공원에는 주말이면 가족 단위로 산책하는 이웃들이 많다. 이웃들에게 나누어줄 달걀까지 여분으로 만들어야 하지만, 모두가 자진해서 적극적으로 동참하고 있다. 부활의 기쁨을 널리 알리고 싶은 마음에 바쁜 시간을 쪼개어 작업하면서도 연신 입가에 웃음이 가득하다. 어미 닭 한 마리가 완성되기까지 얼마나 많은 정성이 담기는가! 부활절의 의미가 깃든 선물이 누군가를 예배당으로 인도할 수 있길 바라며 예쁘게 만들었다.

아기자기한 달걀을 건네며 말씀을 전하는 것이, 훨씬 마음을 여는 일에는 효과적이다. 아이들은 귀여운 어미 닭에 호기심을 가질 것이 분명하다. 부활절 전도 행사를 위해 교사들은 너나없이 교회에 모였다. 한 마리라도 더 만들기 위해 늦은 저녁에도 모여 앉아 바지런히 목장갑을 염색했다. 부직포를 오리고 접착제로 칠하면서도 피곤한 기색은 없었다. 한 마리의 닭이, 한 생명을 구하는 구원의 기쁨을 고대하며 작업했다. 길 잃은 어린 양에게 부활의 말씀은 삶의 좌표가 되어 줄 수 있으리라.

얼마나 시간이 지났을까. 전도사님께서는 잠시 쉬자고 하시며 뜨끈한 차를 내어 오셨다. 구수한 둥굴레차를 사이에 두고 교사들이 둥글게 모여 앉았다. 유치부 선생님께서는 노란색, 연두색으로 닭을 번갈아 가며 창가 쪽에 줄을 세웠다. 빨간 벼슬에 까만 눈을 가진 어미 닭은 무척 사랑스러웠다. 햇살 가득한 창가에 줄지어 선 닭들을 찰칵찰칵 사진에 담았다. 작은 바구니에 담긴 어미 닭을 받고, 즐거워할 아이들의 웃음을 생각하니 저절로 행복한 미소가 지어졌다.

아담한 둥지 모양을 본떠 만든 작은 바구니에는, 볏짚처럼 알록달록 색종이도 도톰하게 깔았다. 둥지에 살포시 앉은 어미 닭은 삶은 달걀을 소중히 품은 채, 투명 비닐 포장지에 담겨 줄지어 앉아있다. 정성이 그득 담긴 선물은, 주는 사람의 마음도 흡족하게 만든다.

유난히 암송을 좋아하는 말괄량이 진영이도 생각이 났고, 성경 퀴즈 시간을 좋아했던 귀염둥이 민수도 떠올랐다. 고사리 같은 두 손을 모으고 기도하면 얼마나 귀여운지! 사도신경과 주기도문을 잘 외지 못해 버벅거리는 아이들도 정말 사랑스러웠다. 아이들의 낭랑한 찬송이 울려 퍼지는 예배당은 작은 천국이었다. 목소리를 합해 또박또박 성경을 읽을 때는 교사로서 마음이 흡족했다. 천사처럼 맑고 밝은 아이들을 더욱 충성되게 섬겨야 한다는 마음이 절로 들었다. 어미 닭을 받아든 아이들이 한 번쯤은 우리의 행복했던 시간을 떠올리며 교회로 올 수 있으리라.

초등부 선생님은 말씀하셨다. 강대상에 놓인 백합이 얼마나 예쁘던지요. 자연스럽게 새터민 아주머니 이야기로 이어졌다. 대단하신 분이세요! 지금도 북한에 성경 보내기 활동을 하시는데, 배울 점이 참 많지요. 내 기도 자리를 빼앗은 아주머니에 대한 평은 대체로 좋은 것들이었다. 임대 아파트에 함께 사는 주민들에게 복음을 전하는 일에도 무척 부지런하신 분이죠. 강대상에 꽃을 올려 드리기 위해 양재동 화훼단지에 가서 제일 예쁘고 싱싱한 꽃을 사 오신다고 들었어요. 남양주에서 서울까지, 거리가 꽤 멀잖아요. 하지만, 항상 행복이 묻어나는 얼굴로 강대상의 꽃을 준비하시더라고요. 심드렁한 마음에 어떤 말도 하지 않았다. 그녀를 두둔하는 이야기들이 듣기에 퍽 거북했다.

그 뒤 이어지는 말은 더욱 내 말문을 막히게 했다. 북한에서는 기도를 소리 내어 할 수 없잖아요. 그래서 늘 다락에 숨어서 몰래 기도하셨다고 해요. 그래서 북한 지하교회 성도들의 다락은 움푹 파인 자리가 많대요. 차마 입을 열어 기도할 수 없으니, 하고 싶은 말을 꾹꾹 눌러 삼키며 기도하는 거죠.

그러니 자연스럽게 몸을 비틀게 되고, 온몸을 비틀며 몇십 년 한자리에서 기도하다 보니- 저절로 자리가 움푹 파이게 되는 거지요. 그 얼마나 절절한 신앙인가요…. 남한 땅에서 너무 편하게 종교 활동하는 우리가 배울 점이 정말 많아요! 북한의 예배자들을 위해서도 항상 기도해야 하는데…. 나의 기도 자리는 어딘지 생각하게 되더라고요.

중등부 선생님이 말을 받았다. 평소와는 달리 차분한 음성이었다. 큰 눈을 깜빡대다가 검은 뿔테 안경을 치켜올리며, 사뭇 진지한 표정을 지었다. 예배를 드리다 걸리면 공개처형을 당한다고 해요. 그러니 사람들이 지레 겁을 먹고 종교 활동 자체를 생각하지 않는대요. 처참하게 죽는 걸 보니 어찌 믿음을 가질 수 있겠어요. 철저하게 세뇌 교육을 당하니, 신앙이 비집고 들어갈 틈이 없을 듯싶은데…. 북한 땅에 말씀이 전파되는 걸 보면 정말 신기하기도 해요. 우리는 이렇게 편안하게 믿을 수 있는데도 말씀을 섬기지 않고, 반성해야 할 게 많지요. 북한말 성경도 있다고 하니 북한 지하교회 성도가 점점 늘어난다는 증거가 아니겠어요?

차를 내어 오신 전도사님께서도 젖은 한숨을 쉬시며 말을 이었다. 이야기를 주고받는 모두의 표정이 이내 우울하고 숙연해졌다. 내 마음에도 짙은 안개가 끼었다. 북한에서는 신앙이란 게 있을 수 없으니까요. 평양의 봉수교회와 칠골교회도 대외 선전용일 뿐이라고 해요. 어려서부터 종교를 인정하지 않고 자라니 믿음을 갖는다는 것이 어렵죠. 우리 아이들은 얼마나 행복해요. 마음껏 신앙을 가질 수 있고, 믿음을 키워갈 수 있으니까요. 주님께서 맡겨주신 아이들을 올바른 신앙인으로 잘 이끌어야겠어요! 마음이 정말 아프네요. 사연만 들어도 가슴이 먹먹해지네요.

마음이 복잡했다. 마지막으로 나는 내가 꼭 들어야 하는 자리에 대한 사연을 듣게 되었다. 항상 맨 뒷자리에 앉아서 예배를 드리는 것도, 통성기도를 하기 위함이래요. 그 자리에 앉아야만 제대로 된 기도를 하실 수가 있다고 들었어요. 늘 몰래 숨어서 기도했던 버릇 때문에 그렇다고 하시대요. 왜 안 그렇겠어요. 습관이란 게 쉽게 고쳐지는 것이 아니니까요. 주님을 부르짖고 기도해 본 적이 없으시니, 얼마나 어색하셨겠어요. 남한의 예배에 익숙해지기까지 많은 시간이 필요하실 거예요.

따뜻한 둥굴레차가 미지근하게 식었지만, 나는 차마 차를 마실 수가 없었다. 귓가에 마지막 말이 계속 맴돌았다. 가슴에 울컥 맺힌 미안함에 저절로 고개가 떨궈졌다. 북한 이탈주민에게 우선 공급되는 임대 아파트가 지어졌을 때, 나는 그들을 인도할 수 있길 기도드렸다. 매일 아침 말씀을 묵상하며 열심히 필사하는 내게 복음을 전할 기회를 주시리라 믿었고, 성공적인 전도를 위해 주님께 매달렸다. 하지만, 그건 주님이 원하시는 기도가 아니었다. 어려움을 당한 지하교회 성도들을 돌아보지 않던 부족한 믿음이었다. 그들이 얼마나 열악한 환경에서 주님을 섬겨왔는지에는 마음을 두지 않았다.

그깟 자리 하나에 목숨 걸고 아침을 시작한 나는 얼마나 치졸한 인간인가. 주님을 사랑한다고 입술로 고백하면서도 정작 행동은 그리스도인답지 못했다. 정말로 자리가 필요한 사람에게 양보할 줄도 모르고, 자리의 주인인 양 행세했다. 주님께서는 이렇듯 교사의 친목을 통해 어리석은 나의 잘못을 일깨워주고 계셨다.

특별 새벽기도회가 시작되었다. 고난주간이면 우리 교회는 늘 '특새'를 연다. 죄 사함을 해 주신 예수님의 고난에 동참한다는 의미가 담겨 있다. 새벽에 일어나는 일은 생각보다 어려워서 한 주간을 고스란히 참여하는 인원은 극히 드물다. 하지만, 나는 큰맘을 먹고 특별 새벽기도에 참여했다. 알람 시계를 맞춰두고도 일어나지 못할 것 같은 마음에 이동전화 알람까지 켜 두었다. 내 마음을 돌아봐야 할 시간이라 생각했고, 주님과 더욱 깊이 대화하며 꼭 회개하고 싶었다.

나는 특새 기간 동안, 자리를 빼앗겼다고 생각하는 내 마음을 깊이 반성했다. 무소부재(無所不在), 전지전능(全知全能)하신 주님은 어느 자리에서, 어떠한 기도를 해도 들어주시는 분이다. 다른 사람의 눈을 신경 쓰지 않아도 된다. 오직 주님을 향하는 기도를 원하신다. 온전히 주님을 바라보지 못한 허약한 믿음이었다.

내 마음을 찬찬히 돌아보았다. 무엇이 그리 불편했던가. 어쩌면 나는 좋은 교사의 이미지, 오랜 신앙을 가진 신실한 모습으로 타인의 눈에 담기길 바라지 않았을까. 부질없는 욕심이었다. 타인의 아픔에 공감하지 못하는 이기적인 마음, 탈북자들을 향해 사람들은 수군거렸다. 탈북자에게 지원되는 정착지원금이 아깝다는 사람들도 있었고, 그들에게 우선 공급된 아파트를 둘러싸고도 뒷말은 끊이지 않았다. 우리나라에 있는 소년·소녀 가장이나 독거노인을 우선 도와야 한다는 목소리와 그 돈으로 노숙인을 돕는 것이 마땅하다는 의견도 많았다. 그들에게 주는 것에는 언제나 인색했고 진심이 담기지 않았다.

여전히 새터민에게 남한에서는 자리는 비좁았다. 같은 동포라고 생각하기보다는 우리의 것을 내어주어야 하고, 나눠주어야 하는 사람들로 인식하는 사람들이 많다. 교회에서도 마찬가지였다. 막상 새터민이 등록하면 그들의 북한 생활에 대해 궁금해했고, 믿음으로 그들과 교제하기보다는 북한의 실상에 대해 궁금해했다. 끔찍한 북한 땅을 떠나 자유를 찾았지만, 남한 사람들은 자꾸만 끔찍했던 시절의 이야기를 전달해 주길 바랐다. 그중의 하나가 나였다. 새터민이 등록하면, 은근슬쩍 북한 이야기를 넌지시 묻곤 했다. 그들의 신실한 신앙을 지지하고 응원하기보다 의구심을 품고 눈을 반짝거렸다.

자유를 찾아 남한을 찾아왔지만, 살기 팍팍한 건 마찬가지인 탈북자들을 향해 나는 어떤 기도를 했던가. 그저 우리 교회에 새 신자가 늘어나길 기도했을 뿐이다. 호기심으로 그네들을 대하지는 않았는지 반성이 되었다. 자리를 빼앗기지 않기 위해 일찍 길을 나서면서도 꼭 그 자리를 사수해야만 하는 새터민 아주머니의 마음은 돌아보지 않았다. 눈물로 기도했을 북한 지하교회 성도들의 슬픔은 돌아보지 못했다. 이제야 비로소 북한 성도들의 아픔에 공감이 되었다.

역시나 새벽 예배에도 새터민 아주머니는 적극적으로 참여하셨다. 어슴푸레한 새벽녘에 교회를 향하는 발걸음은 어쩐지 힘이 났다. 부쩍 업무량이 늘어나 피곤하긴 했지만 늘 새 힘을 공급해 주시는 주님의 사랑을 충만하게 느낄 수 있었다. 나는, 아주머니보다 일찍 도착해도 더는 그 자리를 탐하지 않았다. 마음 편히 주님을 만나고 싶은 아주머니의 시간을 방해하고 싶지 않았다.

주님 앞으로 성큼 나아가자 어여삐 여겨주시며, 마음껏 기도할 수 있는 자유함을 주셨다. '특새'에서 받은 넘치는 은혜였다. 십자가 앞으로 나아갈수록 주님은 말씀 속에서 더 많은 깨우침을 선물로 주셨다. 하루하루 기적 같은 변화가 일어났다. 말씀을 전하시는 목사님의 음성에도 한껏 힘이 실렸다.

특별 새벽기도회가 끝나는 금요일, 이것저것 기도할 것들이 많았다. 우선 크신 은혜로 동행해 주신 아버지께 감사 기도를 드렸고, 더는 맨 뒷자리에 앉지 않아도 통성으로 기도하게 해 주신 넘치는 은혜에 무릎 꿇었다. 흐트러짐 없이 예배를 성공적으로 드릴 수 있도록 여건을 허락해 주신 것, 기적과 같은 시간에 이웃을 돌아보고 섬길 수 있는 새 마음을 열어 주신 것, 기도하다 보니 감사할 일들이 너무 많아서 비적비적 눈물이 났다. 기도를 마치고 눈을 떴을 때, 향기로운 보랏빛 수국이 성경 옆에 놓여 있었다. 주변을 둘러보았지만, 기도를 드리는 분들만 남아있을 뿐이었다. 수국 옆에는 분홍색 편지 봉투가 놓여 있었다. 나는 궁금한 마음에 봉투를 열고 편지를 꺼냈다.

지민 씨

안녕하십네까.
북한에서 온 김나영 집사라요.
지민 씨의 예배 자리에 앉아 죄송합네다.
북한에서 기도하던 버릇이 있어서, 맨 뒷자리가 아니면
도통 통성기도를 할 수가 없드래요.
이 자리에 앉고 싶어서 일부러 교회에 일찍 오곤 했습네다.
기도가 편안해지거든, 다시 이 자리 내어 드리지요.
뜻하지 않게 불편을 끼쳐드려 송구합네다.
보라색 수국은, '진심' 이라는 꽃말이 담겼습네다.
진심으로 고마워하는 내 마음을 전달하고 싶었는데 맘에 차시길요.
진심으로 감사합네다.
오늘도 주님 사랑 안에서 평안하시라요.

김나영 집사 드림

예배당에 정해진 자리는 없다. 늘 그 자리에 앉지 못해 고까운 마음이 김나영 집사님에게 고스란히 전달되었던 모양이다. 내 자리임을 증명하기 위해 성경을 두고 가고 찬송가를 놓고 가고, 지난 주보까지 동원해 내가 그 자리의 주인임을 애써 알렸던 나를 모를 리 없었다. 그러함에도 불구하고 김나영 집사는 이 자리에 앉아야만 마음이 편안했음을 느낄 수 있었다. 못난 나의 욕심에 힘들었을 마음이 오롯이 전해졌다. 나는 다시 주님 앞에 무릎을 꿇었다. 그간 마음이 편치 않았을 김나영 집사님을 위해 기도해드리고 싶었다.

북한의 지하교회 성도들을 위해 기도했다. 숨어서 기도해야 하는 그들의 처지를 부디 굽어살펴 주십사 기도드렸고, 찬송가를 부르기 위해 깊은 산 속으로 숨어들어야 하는 그들의 애석한 시간을 위해 기도했다. 남한 땅에 정착해 살면서도 알게 모르게 차별을 감내해야 하는 그들을 위해, 주님께서 한없는 은혜를 베풀어 주십사 기도드렸다. 모든 것이 은혜가 되어 돌아올 것을 믿고 기도했다.

오랜 시간, 기도하다 나오니 밖은 이미 밝아 있었다. 환한 빛이 밝게 나를 축복하듯 맞아주었다. 매해 특별 새벽기도에 참여했지만, 이렇게 마음 뿌듯한 적이 있었던가. 은은하게 비추는 십자가의 불빛이 유난히 아름답게 마음속에 파고들었다. 촉촉이 젖은 눈을 들어 집사님이 걸어갔을 길을 바라보았다. 녹록지 않은 남한에서의 삶, 그 와중에도 자신의 믿음을 지켜가기 위해 아등바등 애쓰시는 모습이 그려졌다. 보라색 수국은 말간 얼굴을 들어 나를 넘어다보고 있었다.

점심시간을 이용해 화훼단지를 찾았다. 부활주일 내가 담당한 아이들에게 예쁜 꽃도 한 송이씩 선물해 줄 겸, 김나영 집사님께도 어여쁜 꽃으로 답례하고 싶다. 역시 수국이 가장 눈에 띄었다. 수국의 색상이 이렇게 많은지 미처 몰랐다. 붉은색 수국은 '소녀의 꿈'이란 꽃말을 담고 있었고, 하얀 수국은 '상냥한 마음', 파란 수국은 '냉정'이란 꽃말을 가졌다. '소녀의 꿈'과 '상냥한 마음' 사이에서 살짝 갈등했지만, '소녀의 꿈'을 택했다. 이 땅에서 주님을 의지하며 소녀의 꿈을 꿀 수 있길 바랐다. 학생들에게는 하얀 수국으로 선생님의 '상냥한 마음'을 전달하기로 했다. 향기 좋은 수국을 한 아름 품고 돌아오는 길, 발걸음이 유난히 가벼웠다. 입에서는 저절로 기쁨의 찬송이 흘러나왔다.

집에 돌아와서는 나도 답장을 썼다. 문구점에 가서 편지지를 고르는 것에도, 신중했다. 연분홍 하트가 앙증맞게 수 놓인 하얀 바탕의 편지지를 골랐다. 아끼는 펜을 골라 정성껏 한 글자, 한 글자 꾹꾹 눌러 편지를 썼다. 진심으로 내게 마음을 전한 그녀에게 고마움을 전하고 싶었다. 어려운 형편에도 북한 지하교회 성도들을 잊지 않고 북한어로 된 성경을 전하기 위해 애쓰는 사랑, 주님 보시기에 얼마나 미쁘신 모습인가. 종교를 택하는 것은 목숨을 걸어야 하는 일이며, 말씀을 사모하는 것도 자신의 생명을 담보해야 하는 위험천만한 일이지만, 그 무엇도 주님을 향한 사랑을 막을 수는 없었다.

김나영 집사님께

집사님께서 보내주신 편지 잘 받았습니다.

자리에 주인이 어디 있나요. 예배당에는 어느 자리건 누구나 앉을 수 있지요.

그 자리를 제 자리인 양 행동해서 죄송합니다.

집사님이 보내주신 편지를 받고 많이 반성했습니다.

편안하게 기도하고 말씀을 듣는 자리로 생각하세요.

집사님을 위해, 그리고 북한 지하교회 성도들을 위해 기도하겠습니다.

특새 기간에 집사님을 위해 신실한 맘으로 기도하였어요.

북한어 성경 보내기 활동을 하시는 것도 참으로 존경스럽습니다.

오늘도 은혜로운 시간 되시길 바랍니다.

주님 사랑 안에서 축복합니다.

제가 전하는 수국에 담긴 꽃말처럼 남한이 '소녀의 꿈'을 꾸게 만드는 은혜로운 땅이길 바랄게요!

성도 강해나 드림

올해 부활절은 내게 더욱 특별하다. 영원한 생명을 약속하신 주님의 마음을 닮아가는 것을 진지하게 고민하게 된 까닭이다. 부활절을 준비하며 마가복음을 묵상하는 일에도 새로운 힘을 제공해 주셨고, 북한 성도를 위해 기도하는 아름다운 시간을 살게 되었다. 주님께서는 '서로 사랑하라.'고 가르치셨다. 하지만, 부족한 나의 믿음은 내 것을 지키는 것만 급급했다. 내 자리를 지키기 위해서 서둘러 길을 나선 발걸음을 주님은 결코, 기뻐하지 않으셨다.

'사랑의 선교회'에서는 북한의 예배자들을 적극적으로 돕고 있었다. 그들을 위해 성경을 보내주며 안전하게 탈북할 수 있는 길을 열어 주고자 애쓰는 단체였다. 그들은 북한의 지하교회들을 지원하며 믿음의 싹을 틔울 수 있도록 도움을 주고, 말씀을 읽을 기회를 마련해 주고자 은밀하게 성경을 보내주는 일을 사명으로 삼고 있다. 남한에서 너무 편안하게 기도하고 찬송하며 그조차 버거울 때가 얼마나 많았는가. 주일을 지키는 것이 무슨 큰 벼슬이나 되는 것처럼 교만했던 시간도 얼마나 많았는지 모른다. 불우한 이웃을 돕는 봉사에도 겸손하지 못했다. 반찬을 나누는 일도 마찬가지다. 시간을 쪼개 봉사하는, 나를 향한 만족스러움이 컸다. 나를 중심으로 기도했던 시간이었다.

특별 새벽기도회 때, 나는 주님께서 기쁘게 받으시는 기도를 하게 해 달라고 기도했다. 이제는 달라져야 한다는 마음이 일었고, 기도다운 기도를 해야 할 때라고 생각했다. 교회를 오래 다니는 것은 중요하지 않다. 어떤 직함도 필요치 않다. 얼마나 신실한 마음으로 주님을 섬길 수 있는지 올곧은 신앙으로 형제·자매를 사랑할 수 있는지가 중요하다. 이웃을 돕고, 말씀을 사모하며 일평생 주님만 바라보며 묵묵히 사명을 다하는 자세가 진실로 필요하다.

부활절 아침이 밝았다. 어미 닭을 받고 기뻐할 아이들을 생각하니 아침부터 마음이 설렌다. 교회로 가는 길은 봄꽃이 어우러져 유난히 싱그러웠다. 활짝 핀 개나리는 말간 얼굴로 투명하게 햇살을 받고 있었고, 진달래는 푸릇푸릇한 잎사귀와 더불어 앙증맞게 피었다. 키가 훌쩍 자란 목련과 흐드러지게 핀 벚꽃은 하얀색 꽃비를 뿌려 거리를 산뜻하게 수놓았다. 눈이 시리도록 아름다운 아침이었다.

예배당에 도착하니 일찍 와서 기도하는 김나영 집사님이 보였다. 더는 몸을 비틀며 기도하지 않아도 되니, 마음 편히 주님을 찾고 응답받는 복된 시간을 만들어 가셨으면 좋겠다. 집사님을 위해 준비한 편지와 꽃을 옆자리에 놓아두었다. 진심을 전해주신 덕분에, 나의 마음에 푼푼한 용기와 힘이 솟았듯, 집사님의 가슴에도 희망과 기쁨이 자리 잡았으면 좋겠다.

부활절 예배를 마치고, 교사들은 집합해서 차에 어미 닭을 실었다. 트렁크 가득 실린 어미 닭이 어린이들에게 부활의 기쁨을 알림과 동시에 주님의 사랑을 다시금 깨닫게 해 주길 기도했다. 아이들에게 전하기 위해 산 하얀 수국은 햇빛을 받으니 더욱 하얗게 빛났다. 마치 하얀 날개를 가진 나비가 여럿 어울려 춤을 추는 듯 보였다. 흰 꽃이 주는 순백의 미를 느끼기에 충분했다. 각자 분량대로 어미 닭을 학생들에게 전달하고 공원에 집결해서 다시 달걀 나누기 봉사를 하기로 했다.

아이들의 집 주소를 기준으로 방문할 순서를 정했다. 어미 닭과 수국을 받고 함박웃음을 지을 아이들을 생각하니 흐뭇했다. 그동안 수고한 것은, 생각도 나지 않았다. 예배당에서 하루빨리 아이들을 만나고 싶었다. 아이들에게 베풀 사랑이 남아있다는 걸 새삼스럽게 확인하는 기회가 되었다. 영원한 생명의 길로 인도하신 주님의 사랑을 꼭 기억하는 하루가 되길 바랐다. 몸이 지쳐갈수록 마음은 풍요로워지는 놀라운 경험이었다. 이렇듯 마음으로 하는 일은 작지만 큰 기적을 마주하게 만든다.

바쁘게 움직여 선물을 전하고 공원에 도착했다. 구불구불한 공원길을 봄꽃들이 피어 장관을 이루었다. 샛노란 개나리가 입구에 활짝 피어 충만한 봄기운을 전해주고, 거리에 늘어선 진달래는 말간 얼굴로 공원을 찾은 사람들의 탄성을 자아냈다. 길 중앙의 호수에는 어미 오리를 뒤따르는 새끼 오리 두 마리가 둥둥 떠다니며 사람들이 던져주는 과자 부스러기를 열심히 주워 먹고 있었다. 평화로운 공원의 봄날이었다.

먹잇감을 보고 날개를 푸드덕거릴 때마다 여기저기서 카메라 불빛이 터져 나왔다. 인근 카페에서 제법 큰 소리로 틀어놓은 쇼팽의 '봄의 왈츠'가 계절의 황홀함을 더했다. 귀여운 오리들을 영상으로 담느라 바쁜 사람들 틈에서 주일 학교 교사들의 얼굴이 언뜻 비쳤다. 상냥한 웃음은 봄꽃에 어우러져 더욱 말갛게 빛났다. 생명의 말씀을 전하는 사람들의 얼굴은 해님처럼 곱다.

미리 와서 기다리시는 선생님들은 이미 전도지와 함께 달걀 전하기에 분주했다. 교회 이름과 약도가 새겨진 물티슈와 함께 어미 닭을 한 마리씩 분양하듯 나누어 주고 계셨다. 사람들은 목장갑에 담긴 어미 닭이 욕심나서 줄을 서서 기다려 전도지를 받아 갔다. 나눠 줄 전도지가 가벼워질수록 마음은 기쁨으로 충만해졌다. 거부감없이 말씀을 전하게 된 것이 무엇보다 기뻤다. 우리들의 솜씨로 만들어진 어미 닭은 삶은 달걀을 품고 널리 말씀을 전할 것이다. 저마다의 자리에서 주님의 사랑을 전하는 모습을 보니, 이것이 참 평화라는 생각이 들면서 가슴이 벅차올랐다. 주님이 가르치신 사랑에 순복하는 사람만이 느낄 수 있는 진한 감동이었다.

자유를 찾아 남한에 오신 김나영 집사님, 15평 남짓한 비좁은 임대 아파트에 사시면서도 내 것을 갖기 위해 애쓰기보다는 북한 땅에 두고 온 예배자들을 위해 헌신하는 집사님의 모습은 우리를 위해 희생하신 예수님의 모습과 퍽 많이 닮았다. 집사님 덕분에 나는 어디서든 기도할 수 있는 신앙인이 되었다. 특별한 자리는 필요치 않았다. 어디서든 진실한 마음으로 부르짖으면 주님이 만나주신다는 것을 확신하게 되었다.

주님께서는 은밀히 특별 새벽기도를 통해 응답해 주셨다. 자리를 내어주고 더 큰 믿음과 신앙으로 거듭나게 된 셈이다. 어미 닭은 순식간에 분양되었다. 정성이 깃든 어미 닭을 사람들은 귀여워했고, 말씀이 적힌 전도지도 잘 배부할 수 있었다. 각자가 맡은 자리에서 본분에 충실하다 보니 모두가 복된 부활절이 되었다. 다소 기괴해 보였던 나영 집사님의 기도 모습도 온전히 사랑할 수 있게 되었고 내게도 북한 지하교회 성도들을 향한 자그마한 기도자리가 생겼다. 넘치게 부어주시는 주님의 복된 사랑이다.

북한의 종교시설 현황

북한 당국은 1988년 봉수교회와 장충성당, 1989년 칠골교회를 건립하였다. 그 후 2002년 8월 김정일이 러시아 극동지역 순방 시 정교회를 방문한 이후 2003년 6월 러시아 정교회 사원 건립을 추진하였다. 2006년 8월 13일에는 평양 낙랑구역 정백동에 '정백사원'을 완공되었다. 북한에도 종교 교육기관이 설립되어 운영되고 있다. 북한이 2000년 유엔 자유권위원회에 제출한 2차 정기보고서에 따르면 1989년 김일성종합대학 역사학부 산하에 종교 학부를 설치하여 기독교, 천주교, 불교, 천도교, 이슬람교 등 5대 종교의 교리를 가르치는 것으로 알려져 있다. 북한이탈주민에 대한 면접 결과를 토대로 보면 북한 조선그리스도교연맹이 발표한 기독교인의 수는 평양 봉수교회 300명, 칠골교회 150명, 가정교회 500여 군데 등을 포함해 모두 14,000명이라고 주장했다는 사실을 확인 할 수 있다.[1] 칠골교회는 봉수교회에 비해 규모와 내부 장식 등이 미흡하다는 이유로 1992년 말에 새로 증축되었으며, 봉수교회는 2005년 9월에 재건축 공사를 시작하여 2007년에 완공되었다.[2] 이러한 종교시설에 대해 평양 주민들의 경우 많은 사람이 존재 자체는 인지하고 있으나, 지방 주민들은 대부분 평양에 종교시설이 존재하는 것조차 알지 못한다. 북한은 조선신보를 통하여 평양 '봉수교회' 일요예배에 매주 200-300명의 신자들이 참여하고 각지 500여 개의 가정예배소에서도 일요일마다 예배를 한다며 미국 측의 종교탄압국 지정에 대하여 비난, 반박한 바 있다.[3]

대동강 구역에는 평양제일교회 · '평양 제1기도처소' 도 있다. 예장(통합측)에서 청류동에 온실을 짓고, 그 옆 부지에 교회를 건축하려 했으나, 계획대로 되지 않아 온실 관리동을 짓고 2층에 30평 규모의 기도처소를 만들었다. 평양제일교회 건축위원회는 평양시 대동강구역 청류동 600여 평 부지에 건물을 짓기 시작했으며, 2005년 11월 24일 완공식을 가졌다. 2005년 2월10일 국민일보 등 언론보도에 따르면, 교회건축에는 以北(이북)노회로부터 8억 원, 장관을 지낸 A씨로부터 1억 원의 헌금이 투입된 것으로 알려졌다. 그러나 억대의 헌금을 받아 건립된 평양제일교회는 십자가도 없는 「기도처소」에 불과한 것으로 알려져 물의를 빚고 있다.[4]

1 《노컷뉴스》, 2010.11.10.

2 「北, 칠골교회 리모델링 … 새 모습 드러내」, 《노컷뉴스》, 2014.7.25.

3 통일부, 『북한 인권 백서 2015』, 2015, p.193-195.

4 「宣教인가? 詐欺인가? 평양제일교회를 고발한다! "교회 짓는다" 억대 헌금 받아, 십자가 없는 '기도처소(?)' 건립 … 북한 요구로 사진까지 비공개」, 《조갑제 닷컴》, 2007.5.25.

증인

노은희

"무얼 그렇게 중얼거리는 거야?"

궁금한 듯 눈을 동그랗게 뜨고 보미가 묻는다. 깜짝 놀란 나는 주변을 살폈다. 열 명 남짓 모인 사무실은 모두 업무에 집중하고 있다. 대기업의 공지 사항을 정리해 문자 알림을 전송하는 서비스가 우리가 담당한 일이다. 글자 하나도 틀리면 안 되는, 문장부호 하나도 허투루 찍으면 안 되는 정교한 작업인지라 대체로 사무실은 늘 조용한 편이다. 자투리 시간을 활용해 암송한다는 것이, 휴식 시간이 지난 줄도 모르고 중얼거리고 있었다. 나는 작은 소리로 속삭이듯 말했다.

"방해가 되었다면 미안해."

나는 암송하던 종이를 덮고, 재빨리 업무 노트를 꺼냈다.

"요즘 매일 중얼거리는 게 뭔지 정말 궁금해서 그래. 여자여, 라고 부르는 것 같던데…. 무슨 말인지 내게 알려 줄 수 있어?"

때마침 상사의 호출이 있었다. 나는 미리 작성해 둔 업무 일지를 정리해 보미에게 넘긴다.

"가져다드리고 올게." 자리를 털고 보미가 일어섰다.

다행스러운 마음이 앞섰다. 나는 성경 암송 구절이 쓰여 있는 A4용지를 서둘러 서랍 안에 넣었다. 보미에게 말씀을 전할 용기가 나지 않았다. 성경을 공부하며 나 또한 모르는 것을 차츰 알아 가고 있었고, 주님의 귀한 말씀을 제대로 설명할 자신도 없었다. 생각보다 보미와 상사의 대화는 길게 이어졌다. 나도 모르게 안도의 한숨이 새어 나왔다. 퇴근까지 해야 할 일을 잔뜩 들고 온 보미와 더는 사적인 얘기를 할 시간은 없었다. 그렇게 성경에 관한 이야기는 종료되었다.

우리는 능숙하게 문자 도안을 만들어 빠듯한 시간을 어기지 않고 메시지를 전송했고, 사무실 안에는 타닥타닥 자판 두드리는 소리만이 가득했다. 일에 집중하는 보미는, 내게 말을 걸 여유조차 없어 보였다. 업무 마감 시간을 앞두고는 일거리가 더 넘쳐났다. 바짝 정신 차리지 않으면 실수할 수 있어서 모두가 예민한 시간이기도 하다. 신경이 곤두서 있는 우리는 최대한 업무에만 집중한다. 대용량의 문자를 전송하는 일은 늘 버겁다.

어린 시절, 보미와 나는 한동네에서 자랐다. 보미네 부모님은 어려운 가정 형편상 일을 하러 떠나셨고, 보미는 조부모님 손에 맡겨졌다. 보미네 집에는 늘 붉은 깃발이 펄럭였는데, 무속인임을 알리는 것이라고 똑똑한 오빠가 알려 주었다. 보미네 할머니는 동네에서 제법 이름난 무당이었다. 기도하러 종종 산을 찾는 보미네 할머니를 향해 사람들은 용하다, 고 칭찬을 했다. 무당도 부지런해야 한다며, 정확한 점을 치기 위해 노력하는 용한 무당을 응원하는 사람도 생겼다. 산 기도를 다녀와야 점사가 더욱 잘 맞는다고 말했다.

아침 일찍 보는 점괘가 정확하다며 사람들은 이른 시간부터 보미네 문 앞에 줄을 서곤 했다. 인간의 길흉화복을 점쳐 주는 집이라고 했다. 사람들은 보미의 할머니께 머리를 조아리며 두 손을 모아 싹싹 빌곤 했는데 정성을 다하는 것이라고 말했다. 신을 받은 지 얼마 안 된 사람이 보는 점이 정확하다고 했다. 입시 결과를 알고 싶은 부모님과 사업의 성공 여부가 알고 싶은 젊은 부부, 이미 죽은 조상들의 돌보심이 궁금한 사람들은 보미네 집 앞에 줄을 섰다. 길게 늘어뜨린 줄은 보미 할머니의 명성을 대신하는 듯 보였다. 날마다 줄은 줄어들지 않았다. 내일이 불안한 사람들은 보미 할머니께 갖가지 질문을 했다.

보미네 집에는 법당이 차려져 있었고, 골목에 가득 퍼지는 지독한 향냄새도 보미네 집에서 새어 나오는 것이었다. 병풍이 세워진 곳에는 무섭게 생긴 여러 신들이 그려져 있었는데, 보미네 할머니는 늘 커다란 창문을 활짝 열어 방 안의 풍경을 훤히 보이도록 해 두었다. 그 집에 사는 보미를 친구들은 별로 좋아하지 않았다. 나도 보미와 그다지 친하지 않았는데 무당이라 불리는 보미 할머니가 풍기는 분위기가 싫었고, 무당집 앞을 지날 때면 느껴지는 불쾌하고 으스스한 감정이 달갑지 않았다. 밤이 늦은 시간이면, 깃발이 펄럭이는 보미네 집 앞을 지나는 것이 싫어서 먼 길로 빙 돌아가기도 했다. 무언가 툭 튀어나올 것만 같은 공포감을 조성하는 집이었다. 보미네 할머니가 모신다는 장군 신은 특히나 더 사나운 얼굴을 하고 있었다. 손에는 날이 두꺼운 커다란 칼을 들고 있었다.

사람들은 점을 보고 복채를 냈다. 돈을 내지 않으면 보미 할머니가 아프시다는 말을 들었다. 그래서 무당에게 점을 보면 반드시 복채를 내야 한다고 했다. 사람들은 정성을 다해 보미 할머니께 돈을 바쳤다. 점사가 잘 나온 의뢰인들은 더 많은 돈을 자발적으로 내기도 하면서 보미 할머니를 알아보는 사람이 많아졌다. 〈엑소시스트〉라는 유명한 무속인 방송에서 출연 제의를 받을 만큼 널리 알려졌다. 젊은 세대가 즐겨보는 유튜브 채널에도 이름을 올릴 만큼 훌륭한 점쟁이라고 했다.

그런 조부모를 둔 보미가 성경 말씀을 궁금해하는 것이 탐탁지 않았다. 어렸을 때는 전도를 하면 교회 선생님들께서 선물꾸러미를 주셨다. 푸짐한 선물이 탐나서 전도한 기억은 초등학교 시절이 마지막이다. 중학교 시절에는 시험을 핑계 삼아 예배를 빼먹은 날이 많았고, 고등학교 시절도 별반 다르지 않았다. 수련회나 성경학교처럼 무언가 흥미가 있을 때만 교회를 적극적으로 찾았다.

생각해보면, 교회를 다니고는 있지만 믿음은 약했다. 습관처럼 기도하긴 했지만, 나를 위한 기도가 대부분이었다. 나의 건강, 나의 행복, 나의 행운, 더 많은 것을 주십사 열심히 기도했다. 풍족함을 요구하는 기도가 대부분이었다. 솔직히 고백하면, 요행을 바라는 마음도 없지 않았다. 나의 욕심이 채워지지 않으면 토라진 마음에 기도하지 않았고, 마음속 바람을 척척 이루어주시지 않는 주님을 원망하기도 했다. 주신다면 하겠습니다, 주님을 향한 서원도 멈추지 않았다. 오직 개인을 위한 기도일 뿐 형제와 공동체를 사랑하는 마음은 담기지 않았다.

이런 얄팍한 믿음을 가진 나에게 요한복음을 공부할 기회가 주어졌다. 성경을 배울 수 있다는 것에 선뜻 배움을 청할 수 있었다. 우리에게 말씀을 전하시는 교수님은 소설가로 왕성하게 활동하는 분이셨기에, 종교와 문학을 함께 접할 수 있고 배울 수 있다는 것이 가장 큰 매력이었다. 처음에 다섯 명으로 시작한 성경 모임은 은혜가 가득한 시간이었다. 무엇보다 성경에 대해 궁금한 것을 마음껏 물어볼 수 있어서 좋았다. 주일학교 학생도 아니고, 성경에 대해 궁금증을 가지고 묻는다는 것이, 부끄러운 일이라 생각했다. 궁금해도 성경 속 내용에 대해 따로 물을 기회가 없었다.

우리에게는 매주 말씀을 암송하는 과제가 있었는데 기쁘고 즐거운 일이었다. 처음에는 숙제하는 마음으로 일종의 의무감을 가지고 시작했지만, 어느 순간부터는 암송한 성경 말씀을 잊어버리는 것이 싫어서 차츰 긴 시간을 말씀을 암송하는데 투자했다. 일상의 가장 큰 변화였다. 언제부턴가 성경 암송이 부담스럽지 않았다. 좀 더 잘 외우고 싶은 욕심도 생겼다. 말씀을 줄줄 외는 친구들이 부러웠고, 근사하게 영어 암송을 하는 교수님의 모습은 모두에게 큰 감동이 되었다. 자신에게 주어진 달란트를 멋지게 활용하는 믿음의 동역자들 앞에서 나도 성경을 더 잘 외우고 싶은 욕심이 생겼다. 말씀을 깊이 묵상하면서 사모하게 되었다.

1장의 말씀을 외우면 2장으로 넘어가는 방식이 아니었다. 1장의 말씀이 암기되면 2장과 함께 외우고, 1, 2장이 더해진 말씀으로 3장을 함께 암송하는 방식으로 말씀의 분량을 점점 넓히며 외워 나갔다. 암송 구절이 점점 길어지면 자신이 없어질 줄 알았는데 운동력 있는 말씀은, 능력치가 더해진 탓인지 줄줄 암송할 수 있었다. 신기하고 놀라운 체험의 시간이었다. 우리는 돌아가며 성경을 읽고, 이해하지 못한 문장에 대해서는 자연스럽게 질문할 수 있었다. 오랜 믿음을 가진 친구는 성경의 역사에 대해서도 비교적 쉽게 알려 주곤 했다.

보미에게는 도희라는 단짝 친구가 있었다. 도희는 전도에 꽤 적극적인 친구였다. 나처럼 선물을 노리고 전도하는 아이가 아니라, 주변의 친구들을 전도해서 교회에 함께 가는 걸 진심으로 좋아하는 친구였다. 구김살이 없고 명랑한 아이, 동그란 얼굴은 퍽 귀엽게 생겨서 도희는 학교에서 인기도 많았다. 아이들은 모두 도희와 친구가 되고 싶어 했다. 교회 전도사님도 도희를 예뻐하셨다. 도희는 교회에서도 '전도 왕'으로 불렸다. 한 친구를 전도하면 이름 아래 초록색 전도 스티커가 붙었는데 도희는 늘 일등으로 가장 많은 스티커를 붙였다. 친구가 많은 도희를 모두 좋아했다. 도희의 친화력은 전도하기에 알맞은 조건이었다.

도희가 보미를 크리스마스이브 예배에 초대한 것이 화근이었다. 유치부 어린이들은 성가를 불렀고, 초등학생인 우리는 연극을 무대에 올렸다. 동방박사 이야기를 연극으로 만들어 올린 무대는 퍽 재미있었다. 우리들의 귀여운 재롱에 예배당 가득 박수가 울려 퍼졌다. 예배가 끝나고 우리는 푸짐한 선물 꾸러미를 들고 집으로 돌아갔다.

가로등 불빛 아래 누군가 서성이는 실루엣이 보였다. 깜깜한 골목 귀퉁이에 서 있던 보미의 할머니는 품 안 가득 선물 꾸러미를 들고 있는 보미를 무섭게 노려보았다. 그리고 설명할 틈도 없이 꾸러미를 팽개치고, 놀라 우는 보미를 끌고 집으로 들어가 버렸다. 보미의 울음소리가 대문 너머로 들려왔지만, 문을 열 수는 없었다. 도희와 나는 너무 놀라 바닥에 팽개쳐진 간식들을 주섬주섬 주워 담아 대문 앞에 두고는 그대로 줄행랑을 쳤다. 멈칫거리며 주저하는 도희의 손을 잡고 앞만 보고 뛰었다. 달음박질치는 내내 보미의 울음소리가 맴돌았지만, 비명 같은 울음소리가 커질수록 나는 더욱 속도를 내서 달렸다. 도망치는 내 모습이 비겁하다는 생각이 들었지만, 빨라지는 속도를 제어할 순 없었다. 보미가 완벽하게 망쳐

버린 크리스마스이브였다. 좀 더 정확하게는 보미가 아니다. 무당인 보미 할머니가 망친 성탄 전야였다.

성탄절 지나고 보미는 흉한 몰골로 등교했다. 긴 생머리를 찰랑대던 보미의 머리칼을 형편없이 잘려나가 있었다. 긴 생머리는 보미의 트레이드 마크였다. 화난 할머니가 가위로 아무렇게나 싹둑싹둑 잘라 버렸다고 했다. 보미는 터져 나오는 울음을 참지 못하고 책상 위에 엎드려서 끅끅 소리 내어 울었다. 서럽게 울고 있는 보미가 가엾게 느껴지기도 했지만, 마음속에 드는 생각은, '저 아이와 놀지 말아야지…'라는 생각이었다.

그 일이 있고 난 후, 내게 보미 할머니는 더욱 두려운 존재가 되었다. 모두가 보미를 멀리했다. 은근히 보미를 따돌리기 시작했다. 하지만 도희는 달랐다. 도희는 아무도 놀아주지 않는 보미와 함께 점심시간이면 도시락을 먹었고, 같이 하교하며 돈독한 우정을 나누었다. 교회에서 나누어 주는 성경 말씀이 적힌 카드를 선물하기도 했고, 끔찍한 광경을 목격하고도 여름성경학교 초대장을 주기도 했다. 보미는 초대장을 받았지만 두 번 다시 교회에 오지 않았다.

잘려나간 보미의 머리칼이 다시 긴 단발머리가 되었을 즈음, 보미 할머니는 더욱 이름을 떨치는 무당이 되었다. 동네 사람들이 앞산에 바글바글 모여 있었고, 양말도 신지 않은 보미 할머니가 날카로운 칼날 위에서 위태롭게 서서 시끄럽게 방울을 흔들어대고 있었다. 순간, 보미의 할머니 목소리가 무섭게 변했다. 사람들은 머리를 조아리며 드디어 장군님이 오셨다고 공손하게 두 손을 모았다. 할머니의 몸속에 장군님이 들어온 거라고 했다. 그래서 목소리도 카랑카랑한 평소의 음성이 아니라 근엄한 장군님의 굵직한 목소리가 나오는 거라며 사람들은 굽신굽신 허리를 숙였다.

나는 보미 할머니의 발이 베이지는 않을까 마음이 불편했다. 큰 돌 틈에 숨어 있는 보미가 보였다. 불안한 눈길로 작두를 탄 할머니의 발에 시선이 머물러 있었다. 신령님이 붙들어 주고 계시기 때문에 칼날 위를 사뿐사뿐 걷는 거라며 사람들은 쑥덕거렸다. 신령님이 대체 누구길래 저렇게 위험한 작두 타기를 시키는 것일까. 좋은 신은 아니라는 생각이 들었다. 보미 할머니의 넓은 보폭을 보고 나는 차라리 눈을 질끈 감아버렸다.

교회 선생님의 말씀이 떠올랐다. 예수님은 좋은 친구 같은 분이라고 하셨다. 그 외에 다른 신은 우리에게 참된 행복을 주지 못한다고 가르쳐 주셨다. 나는 교회에 가서 기도하는 시간을 좋아했다. 십자가 앞에 앉아 기도하는 동안에는 마음이 편했다. 시험을 잘 보게 해달라고 기도했고, 마음에 드는 남자친구와 짝이 되게 해달라고도 빌었다. 싫어하는 동무와는 같은 반이 되고 싶지 않다고 기도드렸다. 예수님은 늘 나의 이야기를 잘 들어 주시는 분이셨다. 내가 부족한 믿음으로 기도를 드려도 귀를 열고 들어주셨고, 따뜻하게 품어주셨다. 늘 내가 생각하는 것보다 더 많이 이루어주셨다. 나의 기도보다 더 많은 시간 응답해 주신 단짝 친구 같은 사랑이었다.

하루는 친구들이 보미를 놀려댔다.

"순 거짓말쟁이! 너희 할머니 엉터리래! 잘 맞지도 않는다고 하더라!"

"가짜 무당이래!"

"비싸게 돈만 많이 받고!"

보미는 빙 둘러싼 남자아이들을 하나하나 노려보았다. 처음으로 보미의 할머니와 보미가 퍽 닮았다는 생각이 들었다. 보미의 서슬에 놀란 아이들은 후다닥 달아났다. 어른들은 아쉬운 마음에 보미 할머니를 종종 찾다가도 점사가 잘 맞지 않으면, 앞날을 훤히 보면, 저리도 없이 살겠냐며 은근히 보미네 집을 흉보곤 했다. 끌끌 혀를 차는 사람들도 있었다. 보미 할머니 앞에서는 눈치를 보던 사람들이 없는 자리에서 흉보는 것을 보며 용한 할머니가 그들의 속마음은 왜 알아차리지 못하실까, 생각했다.

비대면에 익숙한 사회가 되면서 우리가 회사에서 전송할 정보들은 갈수록 늘어났다. 피곤한 일상이었지만, 성경 공부에서 만나는 친구들은 언제나 힘이 되었다. 함께 말씀을 나누고 기도를 하면서 우리는 더욱 끈끈한 사이가 되었다. 서로의 기도는 큰 힘이 되었다. 예배를 마칠 때쯤엔 서로의 근황을 묻고, 기도가 필요한 친구를 찾아서 기도 제목을 나누었다. 중보기도를 통해 우리는 서로의 믿음을 응원했다.

말씀의 암송도 우리에게 큰 즐거움이 되어서 한 주에 외울 말씀을 휴대전화 뒷면에 끼워 다니는 친구도 생겼고, 스토

리텔링 기법을 적용해 연결고리의 핵심 단어를 연상하여 외우기도 했다. 책상 위에 커다랗게 적어두는 고전적 방식을 고수하는 등 각자의 새로운 암기 방법도 생겼다. 저마다의 방식으로 말씀에 다가서는 우리들의 사랑법이었다. 그렇게 믿음이 있는 사람들과 함께 하는 복된 시간이 좋았다.

새 학기가 되면 보미는 제 나름의 방식으로 친구들을 끌어모았다. 은따를 벗어나기 위한 보미의 몸부림이었는지 모른다. 보미는 타로로 친구들에게 점을 봐주었다. 갖가지 그림들의 사연을 보미는 일일이 기억하고 있었고 유명한 점술가처럼, 카드를 보며 앞으로 일어날 상황을 넌지시 예언해 주었다. 다툰 친구와 화해를 할 수 있을지, 좋아하는 남자친구와 잘 될지, 용돈을 올려 받을 수 있을지 한 치 앞의 내일을 알고자 보미 곁으로 모여들었다. 미래의 날들이 궁금한 친구들은 보미네 집 앞에 줄을 섰던 어른들과 같이 보미 곁에 스리슬쩍 몰려들어 가위바위보로 타로를 볼 순서를 정했다. 은근한 따돌림을 받던 보미 입장에선 아이들의 관심이 퍽 즐거운 듯 보였다.

"두 장의 카드를 뽑아봐. 네가 이루고 싶은 소원에 정신을 집중해야 해."

보미는 제법 제 할머니를 흉내 내며 명령투로 말하곤 했다. 뜻밖의 소식이 들려왔다. 도희가 전학을 가게 되었다. 도희의 아버지는 직업군인이셨고, 먼 지방으로 발령받게 되면서 도희는 부모님을 따라 지방 학교로 전학을 가게 되었다. 섭섭

한 마음에 눈물이 날 것 같았다. 교회 전도사님도 '전도 왕' 도희와 더는 함께 예배드릴 수 없음에 서운해하셨다. 흑흑 흐느끼는 소리가 들려서 뒤를 돌아보니 보미가 서럽게 울고 있었다. 도희와의 헤어짐이 퍽 아쉬운 듯 보였다. 나는 속으로 생각했다.

'용한 점술가라면 도희가 전학 갈 것도 미리 알았어야지! 순 엉터리야!' 마음 한구석에는 보미에 대한 거부감이 자리 잡고 있었다. 어쩐지 불길한 기운을 품고 사는 아이, 공감할 수 없는 보미의 아픔은 거리를 둘 이유가 충분했다.

아버지는 늘 자식을 위해 기도하는 분이셨다. 큰 예배당에 낭랑하게 퍼지는 어머니의 대표 기도는 내 마음을 푼푼하게 만들어주었고, 주일학교 선생님들께서는 똘똘한 나를 예뻐해 주셨다. 성경 퀴즈를 풀면 상품을 주는 곳, 성가대에서 찬송하며 누리는 참된 평화와 기쁨은 예배당을 사랑하기에 충분한 것들이었다. 교회 목사님께서는 크리스마스 행사가 끝나면 교인들을 모두 모아 사진을 찍어 두셨는데 액자에 빠짐없이 담긴 우리 가족의 모습은 나를 흐뭇하게 만들어주었다. 나의 성장이 담긴 교회는 내가 마음으로 사랑하는 최고의 장소였다. 교회에서 예배 시간에 피아노를 치고 싶어서 음악을 배웠고, 성가대에서 노래를 잘하고 싶어서 노래 연습을 했다. 무엇인가 마음에 소망을 품게 만드는 익숙한 예배당이 나는 좋았다.

보미의 할머니가 자신의 제자를 뽑는 날이라고 했다. 용한 무당은 신을 이어받을 제자를 키워내야 하는데 보미 할머니도 신기가 떨어지기 전에 자리를 물려 주어야 한다며 내림굿을 준비했단다. 제자가 되기 위해서는 보미 할머니가 아무도 모르게 감춰 둔 딸랑 방울을 찾아야 하는데 구경거리가 생겼다며 동네 사람이 몰려들던 날, 나는 차라리 보미 할머니가 조금 망신스럽더라도 제자가 방울을 찾지 못했으면 좋겠다고 생각했다. 제자의 몸에 실린 동자신이 어린아이 같은 목소리를 내며 어리광을 피웠다. 사탕이나 과자를 좀 달라고 청하자 굿판에 모여 있던 마을 사람들은 바삭한 크런키 초콜릿을 벗겨 입안으로 쏙 넣어주었다.

"아이고, 정말로 동자 신이 오셨네!"

시끄럽게 꽹과리를 치며 사람들은 즐거워했다. 누군가 치는 장구 소리에 발맞추어 동자신이 실린 제자는 어린아이처럼 까불거리며 잔뜩 흥이 올랐다. 갑자기 미친 사람처럼 뛰어가더니 수풀 뒤를 파헤치기 시작했다. 신기한 일이었다. 동자신이 실린 제자는 발을 까불거리며 방울을 딸랑딸랑 울려댔다. 사람들은 다시 어린 동자 앞에 공손히 머리를 조아렸다.

"아이고! 신통한 동자신이 오셨네!"

"용한 동자신, 우리들의 맺힌 한을 좀 풀어주소."

"조상님들이 무얼 원하시는지, 제발 좀 알려 주시게!"

여기저기서 동자신의 영험함을 칭송했다. 현장에 모인 사람들의 칭찬에 기분이 좋아진 동자신은 방정맞게 이리저리 폴짝거리며 뛰어다녔다. 앞일을 훤히 내다본다는 동자신은 근엄하지 않았다. 촐싹거리는 철부지 아이였다.

앞길을 아시는 분은 오직 주님뿐이라는 목사님의 말씀이 생각났다. 엉터리 동자신에게 자신의 미래를 묻는 사람들이 어리석게 느껴졌다. 교회에 가면 잔잔하게 울려 퍼지는 찬송가가 듣기 좋았다. 십자가에 불이 켜지면, "누구든지 오라."는 주님의 자상한 음성이 들리는 듯했고, 강대상 위에 놓인 솜씨 좋은 꽃꽂이는 얼마나 아름다운지! 전도사님은 말씀하셨다. 거짓된 신을 섬기는 것을 제일 싫어하신다고 하시며, 질투하시는 하나님에 대해서도 알려 주셨다. 나는 호기심 어린 맘으로 굿판을 들여다본 것이 큰 죄를 지은 것 같아 가슴이 두근두근했다. 궁금한 것을 참지 못한 스스로가 미웠다. 문득, 한 마리 잃어버린 양을 찾아 길을 나서신 예수님의 모습이 떠올랐다.

지금도 보미와 얽히고 싶지 않은 것이 솔직한 심정이다. 자꾸만 성경의 암송 구절에 관심을 가지는 것이 싫다. 성경책을 필사하며 충만한 기쁨으로 요한복음을 공부하는 이 시점에, 공연히 시험에 빠지는 기분이 들어 보미의 질문들이 달갑지 않았다. 신실한 사람들과 대화를 나누는 시간이 중요했고, 점쟁이 손녀의 의구심 어린 질문들은 받고 싶지 않았다. 요즘 나는 성경을 필사하고 있다. 새벽에 일어나 희미한 불빛 아래서 묵상하며 성경을 읽고 또박또박 필사하는 시간이 얼마나 귀한지 모른다. 보미를 전도하는 일은 이런 시간을 방해받는 일처럼 여겨졌다. 공연한 일에 에너지를 쏟고 싶지 않다. 최대한 보미를 멀리하고 싶다. 회사를 그만두면 자연스럽게 멀어질 인연이리라.

보미의 가방과 필통 안에는 노란 종이에 빨간색으로 제멋대로 쓴 글자 쪽지가 있었는데, 사람들은 그것을 부적이라고 불렀다. 그 울긋불긋한 글씨 덕분에 보미가 위험에 처하지 않는 거라고 말했고, 보미 할머니가 갈겨 쓴 글씨를 사기 위해 사람들은 새벽 일찍 보미네 집을 찾곤 했다. 액운을 막아주는 역할을 한다고 했고, 부적을 지니고 있어서, 액땜이 가능하다고도 했다. 나는 액운과 액땜의 정확한 의미는 알지 못했지만, 무엇인가 나쁜 일이 일어나는 것을 차단해 준다는 뜻으로 이해했다.

예배당에 가서 기도하면 주님께서 나의 마음을 넉넉히 헤아려 주셨다. 저런 지저분한 종이가 아니어도 나에게 불행한 일이 일어나지 않도록 늘 보호해 주셨다. 왜 사람들이 자신의 불행을 대비하기 위해 부적을 찾는지 알 수 없었다. 보미가 지닌 물건 곳곳에는 부적이 붙어 있었다. 새빨간 글씨는 어떤 신뢰도 주지 못했다. 옛날 느낌이 물씬 풍기는 낡은 종이일 뿐이었다. 하지만 무속 신앙을 맹신하는 사람들은 매우 비싼 값을 치르고 부적을 샀다. 알아볼 수 없는 글씨가 잔뜩 쓰인 종이를 가슴팍에 소중히 품었다.

보미와 나는 같은 파트너사 업무를 담당하고 있어서 자연스럽게 한 팀이 되었다.

"도희, 기억나니?"라고 보미는 물었고, 내가 고개를 끄덕이자 바로 말을 받았다.

“아마 전도사가 되어 있을 것 같아. 요즘 사람 찾는 건 일도 아니잖아. 계정을 비공개로 전환하지 않는 한, 마음먹고 찾으면 금방 찾을 수 있는 세상이지.”

밥을 먹는 시간이 불편했다. 담백하게 업무에 관한 이야기만 나누고 싶었다. 보미와 공유할만한 특별한 추억이 있는 것도 아니었고 동정하고 싶지도 않았다. 그냥 분리된 각각의 삶으로 살면 좋은 관계였다. 군더더기 없는 사이로 남고 싶었다. 도희를 생각하면 마구 머리카락이 잘린 보미가 떠올랐고, 그것은 다시 떠올리기 거북한 불편한 기억이었다. 내 생각엔, 악명 높은 할머니 밑에서 자란 보미가 별반 착할 것 같지도 않았다.

“교회에 다니고 싶었던 때가 있었는데…. 예수님은 영원한 사랑을 주시는 분이지? 할머니가 모시던 신들은 그렇지 않더라. 시간이 지나니까 할머니를 떠나. 다른 사람의 몸에 실려 주인 행세를 하는 거야. 어릴 때 말이야…. 무당집 손녀라고 나를 놀리는 친구들이 싫어서 할머니를 미워했는데 생각해보니, 할머니는 그 벌이로 나를 키우셨더라고…. 앞으로 내가 할 일은 할머니께 말씀을 전해 당신을 구원하는 일이 아닐까 생각해.”

따끈한 육개장에 말아 놓은 밥을 나는 차마 목구멍으로 넘길 수가 없었다. 마음속에 슬픔이 가득 차올랐다. 어쩌면 보미를 멀리하는 지금의 내 마음이 교만인지도 모르겠다는 생각이 들었다. 말씀을 궁금해하는 친구에게 복음을 전하지 못한다면? 두고두고 후회할 일을 만들지 않겠노라, 마음먹었다. 보미에게도 주님의 신실하신 사랑이 필요하다고 느꼈다. 대꾸가 없는 나를 향해 보미는 말을 이었다. 애당초 나의 답은 기대하지 않았다는 듯 혼자 고해성사하듯 말을 뱉었다.

"할머니가 말씀해 주셨는데, 할머니가 신을 받지 않으면 내가 신을 받아야 했대. 한 대를 걸러서 신을 받는 거라고 하시더라고. 어머니가 끝내 돌아오지 않으신 것도 무당인 할머니를 인정할 수 없어서라고 하시더라…. 그런 할머니를 위해 이제는 내가 기도를 해야 한다고 생각하는데… 교회에 가 본 적이 있어야 말이지! 사실, 아직은 교회라는 장소가 부담스럽기도 하고 말이야. 얼마 전 탈북하신 분을 만났는데 지하교회 이야기를 해 주셨거든. 그 이후로 교회가 더 궁금해지더라. 한편 마음의 용기가 생기기도 했고 말이야. 지하교회 신자의 삶 자체가 주님을 오롯이 증거 하는 일이잖아."

머리카락이 잘려 펑펑 울던 어린 보미의 얼굴이 떠올랐다. 한 사람의 생애가 준비되지 않은 내게 전달된 느낌은 부담스러웠다. 이야기를 끝낸 보미는 배가 고팠는지 허겁지겁 육개장을 퍼먹었고, 나는 다시 수저를 들지 못했다. 보미의 할머니가 선택한 무속인의 삶은, 어쩌면 사랑하는 손녀를 대신한 생이었다고 생각하니 어쩐지 짠한 생각이 들었다. 하필이면 탈북민을 만나 교회가 궁금해질 것이 뭐람. 어쩔 수 없이 마땅찮은 마음이 앞섰다. 아직 보미의 우정을 끌어안기엔 너무도 작은 그릇의 나였다.

"사실 나는 기도가 하고 싶어. 그런데 기도하는 방법을 모르잖아. 할머니가 기도하는 모습만 보았으니까. 탈북민 아주머니가 말씀해 주셨는데 북한에서는 점심시간에 마음속으로 주기도문을 왼다고 하더라고. 그래서 나도 주기도문을 외웠어. 정오가 되면 알람을 맞춰두었다가 마음으로 기도해. 그냥 속절없이 반복해서 세 번 정도. 무작정 기도하는 거야. 언젠가는 나도 제대로 된 기도하게 될 날이 오지 않을까…. 막연한 바람을 품고 말이야."

보미의 할머니가 모시던 신은 할머니가 늙고 병들자 떠났다고 한다. 무속인의 신들은 대부분 그렇게 나이 든 무당의 몸에서는 빠져나온다고 한다. 내 삶을 끝까지 책임져 주시는 주님의 사랑과 너무도 달랐다. 영원한 생명을 약속하신 주님과는 달리, 죽음 앞에서 속절없이 무너지고 마는, 나약한 신의 사랑이다. 영생을 허락하신 주님의 위대한 사랑에 견줄 수 없는, 못난 신의 존재에서 놓여나게 되어 다행이었다. 보미의 신앙을 향한 결단이, 가족 모두에게 선한 영향력을 끼칠 것이란 확신이 들었다. 비록, 무속인의 삶을 살면서 주님의 품을 떠나 계셨지만, 진심으로 회개하고 주님께 나아온다면 넉넉한 사랑으로 받아주실 참사랑이다.

성경 공부가 있던 날, 나는 이 사연을 자매님들께 털어놓았다. 교수님께서는 말씀해 주셨다. 이미 뿌려진 믿음의 씨앗이 있었던 거라고 마음을 열고 전도를 하면, 할 수 있다고 용기를 주셨다. 보미가 탈북민을 만난 것, 자신의 생의 궤적을 담담하게 고백한 것, 모두가 주님이 계획하신 선한 일들이라고. 보미 할머니도 주님을 만나 회개해야 한다고 했다. 포기하면 안 된다고 주님의 품으로 귀의할 수 있도록 말씀을 전해야 한다고 하셨다. 보미의 할머니도 영생을 얻을 수 있게 우리가 힘껏 도와야 한다고 했다.

내가 할 수 없는 것들은 성령님이 도와주실 거라며 내게 용기를 주었다. 나의 사연을 들은 형제·자매님은 신실한 마음으로 기도에 동참해 주었다. 중보기도 덕분인지 전도를 향한 자신감이 생겼다. 누군가의 아픔을 투명하게 마주한다는 것이, 불편하고 거북하기보다 도와주고 싶고 그 입장에 공감하고 싶어졌다. 주님이 허락해 주신 귀한 마음이었다. 영원한 생명을 주신 주님의 사랑을 증거 하고픈 마음이 생겼다. 중보기도 이후에 생긴 마음의 변화였다. 주님은 내 마음의 중심을 올곧게 세워 주셨다.

소모임이 있던 날, 말씀을 전할 수 있는 은혜에 관한 이야기를 들었고 걱정하지 말고 복음을 전하라고 북돋아 주셨다. 그 뒤는 성령님의 도우심이 있을 거라고 용기를 심어주셨다. 우리는 도우심을 입었던 사례를 회상하며 마음을 나누었다. 묵상을 통해 변화된 친구의 이야기, 연극 무대에서 주님을 섬겼던 사랑, 어린 시절 전도에 힘썼던 친구에 대한 기억! 모두가 제 나름의 방식으로 주님을 사모하고 말씀을 의지하고 있었다. 도움을 요청하면 더 큰 사랑으로 품어주시는 참사랑에 모든 걸 맡겨도 된다는 확신이 섰다. 주님이 가장 기쁘게 나를 사용해 주시면 좋겠다는 마음이 들었다.

보미의 고백을 들은 후, 나도 보미와 같은 기도를 시작했다. 점심시간이 되면 주기도문을 통해 입술로 고백하고 북녘 땅의 성도들을 위한 기도를 시작했다. 처음으로 민족을 위한 기도를 시작하게 된 것이다. 메마른 북한 땅에서 믿음의 싹을 틔우기 위해 애쓰는 그들의 희생과 헌신을 마음으로 지지하게 되었다. 비적비적 눈물이 흘렀다. 너무 늦은 기도가 죄스럽고 미안했다.

퇴근 후, 서점을 찾았다. 말씀을 알고 싶어 하는 친구에게 입을 닫아 버리는 내 모습에 주님이 슬퍼하고 계실 거란 생각이 드니, 성경책을 사서 보미에게 선물해 주고 싶었다. 성경 안에서 길을 찾고 믿음으로 변화될 수 있다면, 보미의 인생도 치유 받을 수 있다는 믿음이 생겼다. 책장에는 예쁜 성경들이 잘 진열되어 놓여 있었다. 크기도 제각각이라 고심해서 골랐다. 연한 보랏빛이 도는 은은한 표지는 제법 고풍스러웠고, 은박이 새겨진 '성경'이란 두 글자는 영롱하게 빛났다. 가지고 다니기 편한 크기로 선택했다. 보미가 곁에 두고 읽으며 올바른 제 삶의 길을 찾길 바라는 마음이었다.

그날 저녁, 나는 주님께 무릎 꿇고 기도드렸다. 성경을 선물하는 일로, 보미가 주님이 이끄시는 삶을 살기를 바란다고, 한 가정이 주님의 품으로 돌아오면 좋겠다고 말 씀 안에서 감동을 찾게 해주십사 기도했다. 기도할수록 간절해지는 내 마음을 느낄 수 있었다. 증인의 삶을 모두가 살게 해달라고 빌었다. 항상 나를 위한 기도가 먼저였다. 내 가족을 위한 기도가 당연했다. 주변의 이웃을 생각하지 않던 이기적인 마음이었다. 교회 식구들을 위해 기도하긴 했지만 간절한 마음은 아니었다. 그들도 나를 위해 기도해 주었으니 보답하는 마음으로 습관처럼 기도했던 것이 전부였던 내게, 보미를 위한 간절함이 담긴 기도는 매우 특별한 것이었다.

다음 날, 약속 시간보다 먼저 보미의 차가 도착해 있었다. 비상등을 켜고 나를 기다리는 보미의 차가 그렇게 반가울 수가 없었다. 아마도 귀한 선물을 마련해 두고 마음이 뿌듯했던 탓이리라. 성경을 사서 직접 포장을 하고, 좋아하는 성경 구절을 적어 카드도 썼다. 성경 읽기는 믿음의 신호탄이 되어 보미네 가정 모두가 구원받는 놀라운 힘을 발휘해 줄 것이다. 보미가 나의 선물에 기뻐해 주길 바라며 간절한 마음으로 기도드렸다.

만나자마자 보미에게 성경을 먼저 내밀었다. 왠지 어색한 기운이 감돌아서 말했다. 쑥스러울 때 목소리 톤이 높아지는 것은 나의 오래된 버릇이다.

"내가 중얼거리는 것이 궁금하거든, 내게 묻지 말고 여기서 답을 찾아봐!"

보미는 밝은 얼굴로 선물을 받았다. 성경을 받고 가슴에 꼭 끌어안는 보미의 모습은 내게 큰 감동이 되었다. 보미의 얼굴 가득 감출 수 없는 기쁨의 미소가 번졌다.

"고마워! 받고 싶었던 선물이야! 정말 고마워!"

환하게 웃는 보미를 보니, 좀 더 일찍 성경을 사다 주지 못한 것이 후회되었지만, 주님이 적당한 때를 봐 나를 인도하신 것이라 믿는다. 나는 주님의 때를 알지 못한다. 그래서 열심히 기도하는 수밖에 별다른 방법이 없다. 기도하면 어떤 일이든, 주님은 비밀스럽게 응답해 주셨다. 나의 작은 신음에도 응답하신 사랑은, 내가 믿음이 충만할 때만 느낄 수 있어서 신앙인은 늘 깨어 있어야 한다.

점심시간이 되자 보미와 나의 휴대전화가 동시에 울렸다. 우리는 서로를 바라보며 입을 맞춰 주기도문을 외웠다. 이 순간, 북녘에서도 소리 없는 아우성으로 남겨질 증인들의 외침이 마음을 깊숙이 파고들었다. 주기도문을 끝나고 나는 가만히 보미의 손을 쥐었다. 읊조리듯 나지막한 목소리로 북한의 예배자들을 위해 간절히 기도했다. 그들의 은신처가 안전하길 빌었고, 주님을 증거 하는 그들의 신앙이 꺾이지 않길 기도했다. 넘치는 은혜로 그들에게 한없는 성령의 은사를 채워주시길 기도했다. 보미처럼 제대로 된 기도가 무엇인지도 모르지만 무조건적인 신앙으로 순종하는 오롯한 신앙을 위해 눈물로 기도드렸다.

사실, 나는 보미를 전도한 것에 한 일이 없다. 알찬 성경공부를 하고 싶은 개인적인 욕심으로 암송을 했을 뿐인데 그 모습을 보고 다가온 것은 보미였다. 녹록지 않은 개인사를 먼저 다가와 고백해 준 보미, 주님은 나를 통해 보미에게 사랑을 깨닫는 시간을 허락하셨다.

“요한복음을 차분하게 읽으니 여자여, 라고 칭하시는 부분이 이해되더라. 주님의 때를 너와 함께 기다릴 수 있어서 정말 기쁘다.”

3개월을 계획했던 단기 프로젝트는 6개월이 지나 마무리되었다. 우리는 그동안 성경 말씀을 나누었다. 성경을 읽기 시작한 보미는 북한 지하교회 성도들에게 성경을 보내는 일에 힘을 보탰다. 척박한 땅에서도 신앙을 지켜나가는 북한 지하교회 성도들에게 큰 은혜를 받았다며 마음을 고백했다. 넉넉지 않은 보미의 입장에서는 단호한 결심이 필요한 금액이었다.

성경을 읽기 시작한 보미는 요즘 찬송가도 듣는다. 출·퇴근 시간, 유행가를 볼륨 높여 틀던 보미는 어색하지만, 더듬더듬 찬송을 따라 부른다. 주님을 증거 하는 삶을 살기로 마음먹은 보미가 그저 고마울 따름이다. 찬송가를 소리 높여 부르면서도 숨어서 찬송하는 북한 지하교회 성도들의 눈물겨운 신앙을 잊지 않고 돌아본다. 보미의 변화는 신앙인인 내게도 큰 깨달음을 주었다. ‘먼저 선택된 자’라는 마음속의 교만을 인정할 수밖에 없었고, 나보다 밝은 눈으로 동포의 신앙을 돌아보는 보미의 마음이야말로 예수님을 닮은 큰 사랑이었다.

주님의 놀라운 기적은 여기에서 멈추지 않았다. 보미는 무속 신앙을 맹신하는 자신의 동생에게 말씀을 증거하고 있다. 그뿐만 아니다. 탈북민을 위한 독서 모임에도 참가하며 적극적으로 주어진 달란트를 사용하고 있다. 며칠 전, 보미가 동생을 위해 성경책을 사러 서점에 갔다는 사실은 마음에 큰 감동을 주었다. 말씀을 암송하는 나의 모습을 떠올려본다. 보미 앞에서 신앙을 고백하듯 말씀을 외울 수 있었던 것은 기적의 시작이었다. 그 일을 계기로 복음의 씨앗이 널리 퍼져나갔다고 생각하니 주님의 계획이 어찌 놀랍지 않겠는가. 무엇 하나도, 주님의 간섭하심 없이는 이룰 수 없는 일들임을 입술로 고백한다.

무속인에게 전도하는 것은 불가능에 가깝다고 여겼다. 그 녹록지 않은 일을 감당할 재간이 없다고 생각했고, 되도록 믿음의 신앙인들과 어울리고 싶었다. 말씀을 사모하는 사람들 틈에서 주님의 사랑을 확인하는 삶이 좋았다. 무당이 믿음을 갖는다는 것은 상상하기 힘든 일이었다. 성령님의 도우심이 없었더라면 할 수 없는 일이었다. 주님께서는 악한 영에 붙들린 사람에게도 사랑의 마음을 베푸시고, 돌아올 수 있는 길을 늘 열어 주신다. 그 값없는 사랑에 대해 깨우치게 하시고, 말씀으로 살찌우신다.

보미는 할머니가 아끼시던 딸랑 방울을 미련 없이 버렸고, 남아있던 부적을 집에서 몽땅 치워 버렸다. 늘 피워올리던 향을 버리고, 할머니가 점을 칠 때마다 차려입던 한복을 의류수거함에 넣었다. 무속인 할머니와 함께한 물건들을 정리하면서 성큼 주님 앞으로 다가왔다. 대신 집안에 주기도문과 사도신경을 코팅해서 붙이고 십계명을 외우기 시작했다. 할 수 있는 것들을 먼저 찾아서 실천에 옮기는 보미의 모습에서 진실한 신앙심이 느껴졌다.

나는 요즘 종종 도희를 떠올린다. SNS를 통해 도희의 근황을 접할 수 있었는데 북한 관련 영화를 만드는 일에 참여하고 있었다. 최근 관심 있게 보았던 작품에도 도희의 숨결이 담겨 있었구나! 이렇듯 우리는 각자의 영역에서 자신만의 방식으로 주님을 증거 하며 살고 있었다.

영화를 제작하는 도희의 모습을 상상해 보았다. 참으로 도희다운 직업이다. 최근에 얼굴을 볼 수 있었는데 어릴 적 순한 모습이 남아있어서 대번에 알아봤다. 찰랑거리는 단발이 잘 어울리는 얼굴은 여전히 뽀얗고 예뻤다. 선한 영향력을 펼치는 일에 두려움 없이 앞장서는 도희의 행보는 내 마음을 더 단단하게 이끌었다. 우리는 어디에 있든 주님의 말씀을 증거 하며 선한 그리스도인의 삶을 살면 된다. 각자에게 주어진 달란트를 값있게 쓰다 주님 나라에서 주어진 면류관을 쓸 날이 있으리라. 나는 망설이지 않고 도희에게 쪽지를 보냈다.

보미 또한 주기도문을 외며 지하교회 성도들을 위해 기도하고, 선한 영향력을 펼치며 살고 있지 않은가. 조건 없이 순복하는 마음은 이렇듯 아름다운 열매가 되어 우리 앞에 놓였다. 도희가 떨군 믿음의 씨앗은 튼튼하고 실한 것이었다. 어린 도희의 전도는 실로 귀한 열매를 맺었다. 주님의 복된 말씀을 전도하는 증인의 숫자가 계속해서, 꾸준히 늘어나는 놀라운 기적이 참으로 아름답고 귀하다. 도희를 만난다면, 서로 믿음의 증인이 되어 준 순수한 우정을 이야기하고 싶다. 도희와 북한 지하교회 사역에 관한 이야기를 날이 저물도록 나눠도 좋을 것이다. 도희의 환하게 웃는 얼굴이 새삼 보고 싶다. 설렘 가득 전송한 쪽지가, 아직은 수신 확인 전이다.

정오 기도회

정오 기도회는 1907년 1월, 평양 장대현교회(평양 대부흥)에서 시작되었다. 선교사들이 은혜를 사모하며 정오에 기도를 드렸고 그때부터 여러 교회가 함께 그 시각에 기도했다. 이 은혜가 북한의 지하교회로 이어져 오고 있다. 북한의 남포시에서 일어난 다음 사건이 이 사실을 증명한다. 남에서 북으로 송출하는 기독교라디오방송인 극동방송(FEBC, AM1188Khz, 1566Khz)을 듣고 예수를 믿게 된 평안남도 남포시 주민 102명이 2년여의 신앙생활 끝에 체포되어 한꺼번에 비밀리에 처형되거나 요덕수용소에 강제 수용된 사건이 지난 2005년 4월에 일어났다. 이 일은 북한의 최대 지하교회 사건으로 1년여에 걸친 비밀수사 끝에 지하교회의 전모가 밝혀져 관련자 102명이 모두 체포되면서 세상에 알려 졌다. 이 기독교인들은 모두 남포보안서 구류장에 구금되었는데 당시 이들의 두려움 없는 믿음은 보안서 사람들을 깜짝 놀라게 했다고 한다. 낮 12시가 되면 정오를 알리는 사이렌이 시 전체에 울리는데 이때 감방에 있던 이들이 일제히 일어나 큰 목소리로 '주기도문'을 암송했다고 한다. 보안요원들이 소총 개머리판으로 그들을 피투성이가 되도록 때렸음에도 이 기도를 막을 수 없었다고 한다. 북한은 102명 가운데 40명에 대해서 예수를 믿는다는 실제 이유는 숨기고 남한 녹화물을 불법 시청했다는 구실로 비밀리에 총살형에 처했고 나머지 62명은 정치범수용소인 요덕 15관리소로 보냈는데 현재 이들의 생사를 알 길이 없다. 이 사건은 북한에서 기독교 복음이 전도자 없이도 순수한 방송 청취로만 전해질 수 있음을 보여주었을 뿐 아니라 외부와 단절된 북한 사람들에게는 성경 말씀이 마치 폭탄과 같은 위력을 지녔음을 보여준 실제적인 증거이기도 하다.

이 사건의 발단은 2003년 남포시 주민인 50대의 한 남자에 의해 시작됐다. 성씨가 김 씨로만 알려진 그는 우연한 기회에 극동방송의 설교를 접한 뒤 점차 믿음을 갖게 되었다고 한다. 그는 4개월 동안 청취한 방송을 빠짐없이 종이에 기록하기 시작했는데 나중에 무려 700페이지에 이르는 방대한 분량이 되었다고 한다. 그는 성경을 구해서 기록한 내용과 비교하며 5개월간 연구한 끝에 성경의 대부분을 이해할 수 있었으며 나아가 깊은 영적 공감을 갖게 되면서 말할 수 없는 기쁨을 느꼈다고 한다. 그는 성령의 감동으로 예수님의 은혜를 체험할 수 있었다. 그는 믿음의 확신을 가지고 자신의 아내와

20대의 두 아들과 가까운 친척과 친구와 이웃들에게 그가 아는 성경 이야기를 전했다고 한다. 복음에 공감하고 감동받은 사람들이 다시 복음을 전하면서 몇 달 사이에 기독교인들은 무려 50명을 넘어섰다. 이미 그들은 사도행전에 나온 초대교회 사람들처럼 서로 돕고 의지하고 서로 나누는 믿음의 공동체를 이루고 있었다던 것이다. 그는 방송 청취 시설을 대담하게 설치하고 극동방송을 함께 들었다고 한다. 이것이 엄청난 파급효과를 가져왔고 마침내 지하교인이 100명을 넘어서게 했다. 전도자도 목회자도 없었지만 믿음을 가진 한 남자에 의해 인도된 이 모임은 진정한 교회의 역할을 다했으며 교회의 전통이 끊어진 오늘날의 북한 지하교회를 다시 회복시키시는 하나의 전형적 모델이라고 할 만하다.[1] 이러한 배경 속에 모퉁이돌 선교회는 2008년 8월부터 정오의 기도를 해오고 있다.

---

1 《미래한국》, 2008.7.23.

빛의 낙인

김서하

창밖에는 푸석한 잔디밭과 낡은 체육관 지붕이 내려다보인다. 너머로는 나무 한 그루 없는 황량한 평지와 지평선만이 끝없이 이어졌다. 새벽부터 밤까지 거의 변하지 않는 적막한 풍경은 시간을 잃어버린 것 같다.

기숙사 2인실 방 한쪽 벽에는 성경 구절이 인쇄된 포스터가 붙어 있다. 도현에게 그것은 단지 오래된 벽지를 가리는 장식물처럼 보인다. 책상 위 성경책은 먼지에 덮여 있었고, 부모가 보내준 작은 액자 안에는 미소 짓고 있는 가족이 들어있다. 그는 가족사진을 보는 게 점점 더 버겁다.

"너를 위한 최선이야."

햇빛이 항상 같은 각도로 드는 방, 시간이 멈춘 듯한 방, 미국 인디애나 주인 이곳은 도현이 원해서 온 곳이 아니다. 부모의 강한 권유. 아니, 거의 명령에 가까운 설득 끝에 오게 된 곳이었다. 이곳이라면 올바른 믿음을 배울 수 있을 거라고, 그들은 말했다. 하지만 도현에게 복음주의 대학은 신앙이라는 이름으로 고요하게 봉인된 지구 끝의 수용소 수용소나 다름없었다.

도현은 침대에 천천히 몸을 눕혔다. 기숙사의 공기는 무겁다. 콘크리트 벽은 바깥세상의 소리를 차단했고, 형광등 불빛만이 방 안을 무표정하게 밝혔다. 바깥세상과 단절된 학교에서 그의 일상은 규율과 침묵으로 가득했다. 반복되는 기도시간 속에서 그는 어디에도 닿지 못한 채 부유하고 있었다. 도현은 자신이 죄를 지은 것도 아닌데, 신에게 버림받아 추방당한 것처럼 느껴졌다. 시험대 위에 올려진 피실험자처럼, 보이지 않는 형벌을 견디며 하루하루를 버텨내고 있었다.

이곳에 누워 있을 때마다 도현은 자신이 가족의 신앙심을 보증하는 상품 같았다. 신앙의 증표로서 버티고 있다는 기이한 모멸감에 휩싸였다.

"믿음이 없으면 구원도 없다."

어릴 적부터 귀에 박히도록 들었던 말. 부모는 인생의 방정식처럼 암송했다. 교회는 도망칠 수 없는 울타리였고, 의심은 죄의 시작이었다. 하지만 도현의 마음속에는 오래전부터 질문 하나가 자라나고 있었다.

'왜 나는 본 적도 없는 신을 믿어야 하지?'

성경을 읽으면 읽을수록, 기도하면 할수록 신은 더 멀어졌다. 말씀은 그를 비추기보다 오히려 내면에 그림자를 길게 드리웠다. 학교에서는 기독교적 세계관을 진리로 가르쳤고, 믿음을 의무처럼 강요했다. 하지만 가르침 안에는 따뜻함도, 숨쉬는 생명도 없었다. 도현은 점점 신이 아니라 인간이 만든 틀 속에 갇혀가는 기분이었다. 성경이 마치 누구의 삶도 닿지 않는 교리의 껍데기 같았다.

도현의 룸메이트는 같은 학년의 미국인 다니엘이다. 그는 매일 새벽 다섯 시 반에 일어나 침대 옆에서 무릎을 꿇고 기도했다. 성경책에 밑줄을 긋는 습관이 있었는데, 도현은 그게 못마땅했다. 성경 종이는 얇고 바스락거리는 질감이라, 볼펜으로 줄을 그을 때마다 소리가 귀에 거슬렸다. 펜촉이 종이를 스치는 소리가 방안의 정적을 긁으면, 도현은 괜히 이불을 뒤집어쓰고 귀를 막곤 했다. 다니엘이 열심히 말씀을 되새기는 순간이, 도현에게는 오히려 견딜 수 없는 소음 같다. 다니엘은 종종 말씀을 함께 나누자고 했다. 그때마다 도현은 대개 짧은 웃음으로 넘겼다. 둘은 룸메이트였지만, 서로 다른 시간을 살았다. 다니엘은 신의 시간 속에서 움직였고, 도현은 점점 멈춰가는 자기만의 시간에 갇혀 버렸다.

어느 날, 다니엘이 말했다.

"이번 주 묵상 모임에 같이 갈래? 정말 좋아. 너도 분명 은혜를 받을 수 있을 거야."

도현은 한참을 말없이 있다가 무표정한 얼굴로 고개를 저었다.

"아니, 안 갈래."

다니엘은 잠시 당황한 듯 눈을 깜빡였지만, 아무 말도 덧붙이지 않았다. 그날 이후로 그는 이전보다 말을 아꼈고, 도현은 침묵이 불편했다. 말하지 않아도 느껴지는 다니엘의 눈빛에는 무언의 기대와 실망이 얽혀 있었다. 조심스럽게 다가오려는 그의 태도는 점점 감시처럼 느껴졌고, 도현은 더더욱 마음을 닫았다.

무엇보다 도현을 불편하게 만든 건, 다니엘의 말투와 행동에서 자꾸만 부모의 모습이 겹쳐 보인다는 점이었다. 성경책을 읽을 때의 진지한 눈빛, 식사 전 두 손을 모으고 감는 눈꺼풀, 은혜라는 단어를 아무렇지 않게 꺼내는 말투까지. 도현은 다니엘을 바라볼 때마다, 식탁 맞은편에 앉아 있던 부모의 모습이 조용히 되살아났다.

도현은 어릴 적부터 식탁에 앉아 두 손을 모으고 기도했다. 기도하지 않으면 어머니는 잠시 웃으며 기다리다, 이내 시선으로 압박했다. 눈을 감지 않으면 죄를 짓는 것처럼 노려보았고, 기도문이 어눌하면 작은 한숨이 따라왔다. 아버지는 교회 목사였고, 집은 언제나 말씀과 기도로 채워져 있었다.

'주의 말씀은 내 발의 등이요 내 길의 빛이니이다'

거실 벽에는 커다란 성구 액자가 걸려 있었고, 식탁 위에는 날마다 다른 성경 구절이 적힌 쪽지가 놓여있었다. 그러나 도현이 느끼기에 말씀은 기도 위로만 흐를 뿐, 삶 속으로는 좀처럼 스며들지 않았다. 설교단 위에서 아버지는 용서하라고 외치면서도, 식탁에서는 어머니의 말끝을 자르고 도현의 사소한 실수에도 얼굴을 붉혔다. 도현은 아버지를 통해 하나님을 느껴야 했지만, 눈빛과 말투 속에서 하나님은 점점 멀어졌다. 남들이 보기에는 은혜로운 가정의 표본이지만, 도현에게는 말과 행동이 다른 아버지의 얼굴만이 남았다. 부모와의 대화는 점점 기도로 대체되었고, 아버지 말씀 뒤에 숨은 권위는 집안을 조용히 짓눌렀다. 기도는 대화가 아니라 명령처럼 들렸고, 말씀은 위로보다 통제에 가까웠다.

"주님 앞에서는 경건해야지."

어머니의 말끝은 늘 똑같았다. 도현은 종종 부모에게 말하고 싶었다. 자신이 느끼는 다름에 대해, 믿음이 아닌 방식으로 하나님을 바라보는 감정에 대해. 하지만 입을 열 때마다 돌아오는 말은 같았다.

"그건 믿음이 부족해서 그래."

"마음을 먼저 하나님 앞에 내려놔야지."

반복된 말에 지친 도현과 잔소리 같은 부모의 설교는 매일 쌓여 벽이 되었다.

말씀을 외우면 칭찬을 받고, 기도를 빠뜨리면 시선을 받던 어린 시절. 도현은 사랑받기 위해서 먼저 믿어야 했고, 사랑을 확인하기 위해서 말씀을 기억해야 했다. 부모의 관심과 인정은 언제나 믿음이 전제로 주어졌다. 도현에게 신앙은 감정이 아니라, 언제나 무언가를 증명해야만 얻을 수 있는 조건처럼 느껴졌다. 부모가 건넨 사랑은 언제나 신앙의 모양을 하고 있었고, 도현은 단 한 번도 자신의 존재를 온전히 바라봐 주지 않았다고 생각했다.

수천 킬로미터 떨어진 낯선 기숙사 방 안에서 다니엘은 부모와 똑같은 말투를 쓰고 있었다. 한 치의 의심도 없는 얼굴로, 마치 세상에 다른 가능성은 존재하지 않는다는 듯, 기도하고 확신했다. 도현은 다니엘의 확신을 본능적으로 밀어내고 싶다. 그것은 진리라기보다 복종을 요구하는 장치 같았다. 다니엘이 조심스럽게 내미는 손길조차 도현은 다시 과거의 울타리 안으로 끌려가는 사슬처럼 옥죄었다. 그는 더 이상 누군가의 방식에 맞춰 순하게 길들여지고 싶지 않았다.

밤이 되면 다니엘은 조용히 불을 끄고, 다시 또 침대 옆 바닥에 무릎을 꿇었다. 형광등이 꺼지고, 어둠이 방 안을 덮은 뒤에도 도현은 좀처럼 잠들 수 없었다. 다니엘의 기도 소리는 아주 작고 낮았지만, 오히려 더 선명하고 또렷하게 들렸다. 도현은 그때마다 생각했다. 저건 정말 믿는 사람의 태도일까, 아니면 이곳의 규율에 잘 적응한 사람의 연기일까. 그러다 곧 생각을 거두었다. 그런 질문을 던지고 있는 자신이 불편했다.

매일 아침, 예배당으로 향하는 길은 늘 침묵으로 가득했다. 학생들은 정해진 자리에 앉아 조용히 찬송가를 부르고 교목의 설교를 들었다. 설교는 믿음의 증명, 거룩함의 의무, 의심과 싸움 같은 주제로 반복되었다. 도현은 그것이 믿음의 삶이 아니라 어떤 매뉴얼 같았다. 수업은 성경 주해와 조직신학, 영적 리더십, 선교 전략 등으로 구성되었다. 교수들은 신을 향한 절대 신뢰가 인간의 구원을 결정짓는다고 반복해 말했다. 학생들은 교리문답을 암기하듯 대답했다. 어느 날, 도현은 교실 한편에서 손을 들고 물었다.

"만약 믿음이 진심이 아니라면, 그래도 구원 가능한가요?"

순간, 교실 안의 공기가 잠시 멈춘 듯 고요해졌다. 몇몇 학생이 고개를 돌렸고, 교수는 짧은 침묵 끝에 미소를 띠며 대답했다.

"우리의 의문조차도, 하나님께서는 의미 있게 쓰실 수 있습니다."

도현에게 그건 대답이 아니라 회피에 가까운 응답처럼 들렸다.

"지금은 혼란스럽겠지만, 언젠가 그 질문이 당신을 하나님께 더 가까이 데려갈 겁니다."

질문은 허락되었지만, 오직 올바른 대답만이 존재하는 공간. 의심은 여전히 금기였고, 정해진 신념 밖의 말은 쉽게 흩어졌다. 도현은 자신이 진심을 꺼낼 수 없는 교실에 앉아 있다는 사실을 분명히 깨달았다. 그는 천천히 고개를 가로저으며 조용히 책상 위를 바라보았다.

밤이 되면 부모가 보내준 태블릿으로 간간이 연락을 주고받았다.

"요즘은 기도 열심히 하니? 말씀은 잘 묵상하고 있지?"

영상 통화 너머로 어머니의 얼굴이 화면에 나타났다. 도현은 잠시 침묵하다 대답했다.

"네…."

어머니는 환하게 웃으며 말했다.

"믿음은 도현이를 살릴 거야. 전능하신 하나님은 항상 지켜보시니까."

어머니의 말은 마치 경고처럼 들렸다. 도현은 연락을 끊고 나서도 한동안 멍하니 화면을 바라보다가 태블릿을 거칠게 뒤집었다. 마음속에 믿음이라는 단어가 낯선 문장처럼 이질적으로 떠돌았다. 그때였다. 다니엘이 문을 열고 들어와 밝은 표정으로 인사를 건넸다. 도현은 습관처럼 고개만 끄덕였다. 같은 공간, 다른 시간이 시작됐다. 책상 앞에 앉은 다니엘은 성경을 펼쳐 읽기 시작했고, 도현은 침대에 누워 벽을 향해 몸을 돌렸다.

여름방학이 다가오던 날, 상담 교사가 물었다.

"도현, 방학 계획은 세웠니?"

도현은 창밖을 멀리 내다보며 대답했다.

"LiNK 프로그램 신청했어요. 북한 사람들을 돕기 위해서요."

"오, 그래. 참 좋은 선택이야. 복음의 확장이지."

상담 교사의 긍정과 달리, 도현에게 그것은 단지 학교를 벗어나기 위한 하나의 탈출구였다. 그에게 학교는 더 이상 견딜 수 없는 장소였고, 어디든 나갈 수만 있다면 어떤 활동이든 상관없었다.

학교에서 세계 선교학 수업이 있는 날이면, 교목은 꼭 북한 이야기를 꺼냈다.

"북한은 복음이 자유롭게 들어가지 못하는 땅입니다. 지금,

이 순간에도 지하에서 말씀을 갈망하는 이들이 있습니다."

북한 지하교회에 관한 다큐멘터리와 간증 영상도 정기적으로 상영되었다. 탈북민의 증언은 숨은 순교자들의 이야기와 선교 수업의 단골 주제로 올라왔다. 학생들은 고개를 숙이거나 조용히 눈시울을 훔쳤고, 교목은 우리는 복음의 빚을 지고 있다며 사명감을 강조했다. 학생들에게 북한은 그렇게 기도해야 할 나라, 복음을 기다리는 땅으로 자리 잡았다.

하지만 도현에게 북한의 이야기는 너무 멀고, 지나치게 비현실적으로 느껴졌다. 북한이라는 단어가 교내에서 아무리 자주 언급되고, 몇 번이고 영상이 재생되어도, 그에게는 마치 종교 교육용 배경 화면처럼 평면적이고 공허하게 다가왔다. 자연스럽게 숙연해진 분위기 속에서 누군가 '아멘'을 속삭이고, 묵상 시간을 가졌지만, 도현은 아무 표정도 짓지 않고 눈만 천천히 깜빡였다. 감정이 없어서가 아니라, 어릴 적부터 반복된 신앙 교육처럼 너무 익숙한 흐름이 싫었다.

그러던 어느 날, 사회 봉사학 시간에 올해 여름 봉사 프로그램으로 Liberty in North Korea(LiNK)가 소개되었다.

"북한을 위한 기도의 밤, 기억하시죠? 이번엔 직접 실천의 자리가 마련됐습니다. 우리는 자유를 가진 자로서, 그 자유를 나눌 책임이 있습니다."

무관심하게 창밖을 바라보고 있던 도현은 교목을 향해 시선을 돌렸다. 리버티 인 노스 코리아(LiNK). 북한 인권과 탈북민 지원을 표방하는 국제 NGO. 교목의 말 중 책임이라는 단어가 마음에 들지 않았지만, 도현의 머릿속에 무언가 번뜩였다. 북한이라는 단어는 무거웠지만, 학생들 사이에서 LiNK는 그저 좋은 일을 한다고 믿는 상징 같은 곳이었다. 도현은 이번 기회야말로 믿음 없이도 믿는 사람처럼 행동할 수 있는 안전한 탈출구라 여겼다. 특히 학교에서는 선교적 실천으로, 학생들에게는 의미 있는 선택으로 여겨질 외형적 명분이 좋았다. 도현은 답답한 방 안에 열려 있던 비밀 문 하나를 우연히 발견한 것처럼 설레었다. 여기에서 나갈 수 있다는 기대감은 머릿속을 가득 채웠고, 탈출의 계획만으로도 어깨가 가벼워지는 것을 느꼈다. 교실도, 예배당도, 다니엘의 기도 소리도, 교목의 설교도, 모두 방학이면 손 닿지 않는 풍경이 될 거라는 생각에 자꾸만 광대가 움찔댔다.

점심시간이 막 끝나갈 무렵, 다니엘이 퇴식구에 쟁반을 내려놓고 도현에게 다가왔다.

"와, 북한 관련 봉사라니! 도현, 진짜 멋지다~"

다니엘은 말끝을 길게 빼며 두 손을 천천히 하늘로 들어올렸다. 과장된 제스처처럼 억지스러웠다. 눈빛과 말투 역시 마찬가지였다. 진심을 믿기보다 도현의 반응을 떠보는 거 같았다. 도현은 다니엘이 자신을 완전히 신뢰하지 않는다고 느꼈다.

"그냥… 해보고 싶었어."

도현은 어색하게 웃었다. 짧은 대답과 함께 흘러나온 웃음은, 자신을 가장 잘 알고 있을 다니엘 앞에서 본능적으로 튀어나온 방어였다. 다니엘은 더 이상 묻지 않았다. 조용한 식당 안에 급식 트레이가 부딪히는 소리만이 간헐적으로 울렸다. 한쪽 창문 너머로는 햇빛이 조금씩 기울고 있었다. 빛은 식당 바닥을 천천히 타고 들어와 도현의 그림자를 길게 끌어냈다. 그림자는 어느새 테이블 다리를 넘어 다니엘의 발치까지 닿아 있었다. 도현은 자신의 그림자가 거짓말을 들킨 피노키오 코처럼 보였다. 그림자가 길어질수록 숨기려 했던 마음이 더 또렷이 바닥에 드러나는 기분이었다. 그러나 도현은 개의치 않았다. 선택은 이미 끝났고, 중심에 들어설 수 있다면 어떤 얼굴이든 쓸 자신이 있었다. 연기쯤은 대수롭지 않았다.

며칠 뒤, 발표된 선발자 명단 어디에도 도현의 이름은 없었다. 처음에는 단순한 오타겠거니 싶어, 모니터를 붙들고 스크롤을 위아래로 반복해 내렸다. 땀으로 축축해진 손가락이 자꾸만 마우스에서 미끄러졌다. 마우스 휠이 돌 때마다 조용한 정적이 도현의 마음속을 긁었다. 리버티 인 노스 코리아(LiNK) 봉사활동 팀. 그곳엔 도현이 있어야 했다. 꼭 있어야만 했다. 그건 단순한 신청이 아니라 탈출을 위한 유일한 출구였다. 끝내 도현의 이름은 나타나지 않았다. 도현은 세상의 문이 다시 닫히는 기분이었다. 설렘은 순식간에 꺾였고, 기대는 허탈로 바뀌었다. 그는 의자 등받이에 몸을 기대고 앉아 작게 한숨을 내쉬었다. 어딘가 단단히 막힌 듯, 속이 답답했다.

한참을 앉아 있다가 몸을 일으켰을 때, 모니터 화면 아래에 별도 공지처럼 덧붙여진 문장이 눈에 들어왔다.

– 선발되지 않은 학생은 하와이 빅아일랜드 교회 건축 봉사에 자동 배정됩니다.

하와이 건축 봉사라니. 도현은 모니터를 끄고 자리에서 일어나 기숙사 화장실로 향했다. 한 칸짜리 좁은 공간에 들어가 문을 잠그고, 변기 뚜껑을 덮은 채 주저앉았다. 복음처럼 포장했지만, 실은 탈출이 목적이었다는 것을 누군가 이미 알고 있었던 건 아닐까. 도현은 누구에게도 보이지 않는 이곳에서조차 자신의 의도를 들킨 듯 얼굴이 화끈거렸다. 얼굴을 덮은 양 손바닥이 땀에 젖어 축축했다. 이제 어디로 가야 할지조차 알 수 없었다. 마치 연극이 끝나고 조명이 꺼진 무대 한가운데 홀로 남겨진 배우처럼, 그는 무대에서 내려오지 못했다. 깊고 무거운 정적 속에 가만히 앉아 있었다.

여름방학이 시작됐다. 교회 건축 봉사에 참여하는 학생들은 일주일 후 하와이로 떠날 예정이다. 기숙사 게시판에는 준비물과 유의 사항이 공지되었다. 도현도 짐을 싸야만 했다. 다니엘은 환하게 웃으며 좋은 기회라고 도현의 어깨를 두드렸다. 도현은 귀찮아하며 고개를 끄덕였다. 티셔츠와 수건을 가방에 넣었다가 꺼내기를 반복했다. 건축 자원봉사에 어울리는 옷이 무엇인지, 어떤 신발을 가져가야 하는지조차 생각하기 싫었다. 도현은 한밤중에 혼자 세탁실에 앉아 세탁기 돌아가는 소리를 멍하니 들었다. 반복적인 소음이 자신에게 이렇게 말하는 거 같았다.

'이미 정해졌잖아, 너는 가야 해. 넌 선택받지 못했으니까!'

도현은 눈을 질끈 감았다. 이건 봉사가 아니라 벌처럼 느껴졌다. 자신이 선택한 일에서조차 무기력하게 밀려났다는 사실이 어깨를 무겁게 짓눌렀다. 비행기를 타기 전날 밤, 도현은 애써 생각했다. 하와이니까, 그저 여행을 가는 것뿐이라고. 하지만 건축 봉사라는 단어는 입속에 모래처럼 남아 목구멍을 막았다.

하와이에 도착했을 때, 공기는 예상보다 훨씬 더 뜨겁고 무거웠다. 햇빛은 정오가 되기도 전에 머리 위로 쏟아졌고, 땅은 달궈진 철판처럼 열기가 달아올랐다. 공사장은 빅아일랜드의 한 언덕 중턱에 자리 잡고 있었다. 멀지 않은 곳에 해변이 있다는 설명이 있었지만, 도현의 눈에 먼저 들어온 건 푸른 바다와 야자수가 아니었다. 뿌연 공기 중에 떠다니는 시멘트 가루와 거칠게 깔린 자갈길, 굴러가는 휠로더, 사방에서 울려 퍼지는 전동 톱과 해머 드릴 소리였다. 여기에는 도현이 애써 그려본 여행의 그림자조차 없었다. 바람이 불어도 바다 냄새는 나지 않았다. 먼지 마른 풀 냄새와 흙먼지가 코끝을 휘감았고, 입술 안쪽까지 바짝 메말랐다. 도현은 입을 다문 채 하늘을 올려다보았다. 구름 한 점 없는 하늘에서 햇볕은 강하게 쏟아져 내렸다. 눈을 감아도 빛이 눈꺼풀을 뚫고 들어왔다. 눈을 뜨면 모든 게 색을 잃은 것처럼 하얗게 번져 보였다. 너무 밝아서 오히려 흐릿했다. 도현은 어지러운 시야만큼이나 자신의 존재가 또 흐려지는 것 같았다.

하와이의 공사 현장은 한국에서 보던 풍경과는 사뭇 달랐다. 무엇보다 묘하게 조용했다. 작업자들은 말없이 자신의 위치로 흩어졌고, 누구도 삽을 들거나 벽돌을 나르지 않았다. 대신 전동 톱, 압축기, 리프트 같은 장비들이 정해진 속도로 돌아가며 짧고 일정한 굉음을 뿜어냈다. 콘크리트로 포장된 바닥 위에는 절단된 목재와 금속 프레임이 질서 있게 쌓여 있었고, 기계와 사람은 마치 하나의 조용한 회로처럼 작동했다. 가끔 무전기에서 짧은 교신이 오갈 뿐, 큰 소리도, 분주한 외침도 없었다. 이건 공사장이 아니라, 하나의 시스템 같았다. 봉사자에게 최대한 무리를 주지 않기 위한 배려일까. 도현은 손에 낀 장갑을 만지작거리며 회전하는 기계 사이에 서 있었다. 이곳에서조차 어디에도 닿지 못한 채 부유하는 낯선 존재가 된 기분이다.

도현이 할 수 있는 일은 많지 않았다. 이미 정리된 자재 더미 옆에서 떨어진 못 몇 개를 주워 담거나, 작업 도중 얽힌 전기선을 풀어 다시 고리에 걸어두는 정도였다. 자재 더미 사이에 낀 선을 빼내려 허리를 숙일 때면, 작업화의 밑창으로 진동이 느껴졌다. 그늘 하나 없는 바닥 위에서는 조금만 몸을 움직여도 등줄기를 타고 땀이 흘렀다.

“처음입네까?”

등 뒤에서 누군가 말을 걸어오자, 도현이 몸을 돌렸다. 낯선 얼굴, 거뭇한 피부, 삼촌뻘쯤 돼 보이는 남자가 서 있었다. 그는 머리를 한번 긁적이더니, 웃는 듯 마는 듯한 표정으로 말을 이었다.

“처음 나와보면… 그런 게 좀 어색할 수도 있습네다.”

말이 끝나기도 전에 도현은 감각적으로 알아챘다. 자신이 평생 들어온 말투와는 결이 달랐다. 익숙하지 않은 한국어에는 이질적인 리듬이 섞여 있었다. 북한 말투였다. 도현이 멈칫하며 말없이 서 있자, 그는 다시 머리를 긁적이며 눈을 피하듯 물었다.

“You're … not Korean?”

영어였지만, 서툰 언어 속에는 조심스러운 기대가 담겨 있었다. 자신과 닮은 얼굴, 익숙한 실루엣, 그것이 정말 같은 쪽인지 확인하려는 마음 같았다.

“…한국 사람이에요.”

도현이 대답하자 긴장했던 남자의 미간이 조금 느슨해지고, 입꼬리 끝이 미세하게 올라갔다. 표정에는 숨길 수 없는 안도와 반가움이 묻어났다. 남자는 손에 묻은 먼지를 툭툭 털고 천천히 손을 내밀었다.

“은철이우다. 그냥… 이곳에서 도와주고 있는 사람입네다.”

“…아, 도현이요.”

“예, 도현 씨.”

은철의 말과 행동에는 이방인으로 살아온 시간이 조심스럽게 깃들어 있었다. 그는 짧게 고개를 끄덕이더니 다시 말없이 바닥을 정리하기 시작했다. 도현은 LiNK 봉사활동에서가 아닌 하와이에서 탈북민을 만났다는 사실이 어딘가 당황스럽고, 어쩐지 복잡했다.

다음 날, 은철은 오전 내내 작업장 한쪽에서 구부정한 허리로 목재 더미를 정리했다. 도현은 자신도 모르게 은철의 움직임을 눈으로 좇았다. 그는 쉬는 시간에도 기둥 뒤에서 물을 마시며 말없이 서 있었고, 누군가 대화를 시도해도 짧게 웃으며 고개만 끄덕일 뿐이었다. 별다른 대화는 없었지만, 도현은 자꾸만 은철이 신경 쓰였다. 그는 작은 인기척에도 반사적으로 몸을 뒤로 틀었다. 마치 누군가에게 늘 감시당해 온 사람처럼 몸이 먼저 반응하는 듯했다.

뜨거운 햇볕을 피해, 도현은 자재 창고 뒤편 그늘에 잠시 몸을 숨겼다. 작업장 곳곳이 뙤약볕에 달궈진 탓에 조용한 그늘 공기가 오히려 차갑게 느껴졌다. 문득, 오늘따라 유난히 더 묵묵히 일하던 은철의 모습이 떠올랐다. 아까부터 어디에 있는지 잘 보이지 않았다. 도현은 몸을 식힌 후 벽 모퉁이를 따라 천천히 걷다가, 반대편 끝에서 조용히 앉아 있는 은철을 발견했다. 그는 자재 더미 옆 나무 상자 위에 등을 구부린 채 앉아 있었다. 고개는 깊이 숙이고, 포갠 두 손은 무릎 위에 조심스레 올리고 있었다. 입술은 무언가를 되뇌는 듯, 소리조차 낼 수 없는 사람처럼 아주 작게 움직였다. 순간, 혼잣말 같기도, 기도 같기도 한 속삭임이 바람에 날리듯 들려왔다.

"…나의 피난처요 … 나의 요새이신 나의 하나님 … 내가 당신을 신뢰합니다…."

너무나 익숙한 구절에 도현은 걸음을 멈췄다. 더 다가가지 않고, 조용히 뒷걸음질 쳤다. 창고 그늘 뒤에 몸을 기댄 도현은 좀 전에 들은 속삭임이 은철이라는 사람 전체를 설명해 주는 것 같았다.

도현은 쉽게 잠이 들지 않았다. 창밖에서 들려오는 바람 소리가 유난히 크게 느껴졌고, 귓속에는 낮에 들은 한 문장이 자꾸만 되감기듯 맴돌았다. 주는 나의 피난처시니. 도현은 LiNK 설명회에서 나눠준 소책자와 학교에서 봤던 지하교회에 관한 선교 간증 영상을 떠올렸다. 늘 같은 배경 음악과 함께 어둡게 편집된 화면 속 인물들, 블러 처리된 얼굴에는 아무런 표정도 읽을 수 없었다. 도현은 몇 번이나 자세를 고쳐 누웠다. 그때마다 눈앞에 은철이 속삭이던 문장과 그의 얼굴이 겹쳐 일렁였다. 그건 배운 기도문이 아니라, 누군가의 생존 끝에서 건져 올린 절실한 신앙이었다.

은철과 마주할 때마다 도현은 혼란스러웠다. 그의 말투와 표정, 침묵 속에서 신앙 같은 게 자꾸만 흘러나왔다. 무엇보다 도현을 혼란스럽게 만든 건, 이곳이 하와이라는 사실이었다. 믿음이라는 말을 더 이상 듣지 않기 위해서, 억지로 끌려갔던 기독교 학교에서 도망치듯 이곳까지 온 거였다. 그런데 이국의 햇빛 아래, 그것도 기계음이 충돌하는 건축 현장 한가운데서, 또 다른 신앙의 얼굴을 만나다니. 도현은 어쩔 줄 모를 피로감에 며칠 밤을 뒤척였다.

점심을 먹고 잠시 쉬는 시간, 도현은 일부러 자재 창고 옆 벤치로 향했다. 마침 은철이 혼자 앉아 있었다. 현장의 소음은 멀어졌고, 나뭇가지는 느리게 흔들렸다. 잠시 침묵이 흐르고, 먼저 도현이 말을 꺼냈다.

"여기… 오래 계셨어요?"

은철은 지그시 도현을 바라보며, 바로 시선을 거두지 않았다.

"몇 달쯤 됐습네다."

"어떻게 여기까지… 오시게 된 거예요?"

도현의 질문은 조용했지만, 그 안에는 여러 겹의 의미가 숨어 있었다. 정말 여기까지, 이곳 하와이 공사장 한복판까지, 어떻게 살아서 도착할 수 있었는지를 묻는 말이었다. 은철은 입을 꾹 다문 채 고개를 끄덕였다. 도현은 너무 직접적이었나 싶어 조금은 민망한 얼굴로 고개를 돌렸다. 그때, 아주 낮은 목소리로 은철이 입을 열었다.

"이야기하자면 긴데… 여기까지 오는 데, 참 많은 걸 놓고 왔습네다."

도현은 다시 그를 바라봤다. 은철의 말에서 쉽게 꺼낼 수 없는 무게가 느껴졌다.

"그날… 내 혼자 중얼거린 거, 들으신 겁네까?"

흠칫 놀란 도현을 바라보며, 은철이 억지웃음을 지으며 덧붙였다.

"기도요. 숨는 데 너무 익숙해져서… 이제는 기도도 그냥 그렇게 됩디다. 혼잣말처럼, 들키지 않게 말입네다."

도현의 마음 안에서 무언가 서서히 움직였다. 그건 호기심이 아니라, 알고 싶지 않아도 자꾸만 알아채지는 감정이었다.

며칠 후, 공사가 잠시 멈춘 흐린 오후였다. 하늘빛은 무겁게 내려앉았고, 작업장 뒤편 자재 그늘 밑에 도현과 은철이 나란히 앉았다. 한참을 말없이 나무 그루터기를 바라보던 은철이 조용히 입을 열었다.

"북에선 종교 같은 건 없다고 배웁네다. 그게야 너무 당연한 줄만 알았지요. 근데… 나는 어릴 적부터 아버지를 따라 지하 예배에 나갔습니다. 집은 아니었어요. 낡은 지하실 벽엔 물이 새들고, 불도 없고, 찬송도 없었습네다. 그저… 울음 같은 침묵만 있었지요."

은철의 목소리에는 그때의 감정이 서려 있었다. 공포를 회상하면서도, 공포를 지나온 자만이 낼 수 있는 감정의 언어였다.

"성경은 외워야 했습네다. 입으론 말 못 하고, 마음에다만 용감히 새겼지요. 기도는 눈으로 하고, 찬송은 속으로 부릅네다. 문소리만 나도… 다들 숨을 딱 멈추지요."

은철은 여전히 앞을 보고 있었다. 목소리는 바람보다 더 조용히 흘렀고, 도현은 숨을 죽인 채 그의 말을 듣고만 있었다.

"그날도 언제나 하던 식으로 했습지요. 초 한 자루도 켜지 못하고, 입도 뻥긋 못한 채, 찬송은 가슴속으로만 부르고, 기도는 눈 꼭 감고 눈물로 올렸지요. 허지만 몰래 예배를 드리다 그만 들켜버렸습네다."

잠시 침묵이 흘렀다. 자신이 아는 예배라는 말이 이토록 다른 의미일 수도 있다는 걸 도현은 처음 깨달았다. 은철은 손을 무릎 위에 포개고, 다시 천천히 말을 이었다.

"잡히고 나서 제일 먼저 든 생각이 이젠 다 끝났구나, 였습네다. 누가 밀고했는지는 몰라도, 그게 내 식구일 수도 있고, 동네 사람일 수도 있다 생각하니 더 무섭더라요. 수용소에선 매일같이 같은 질문만 했지요. 누구랑 예배를 드렸는가, 성경은 어디서 났는가, 누가 전해줬는가… 하나만 말하면 살려주겠다고. 사람 이름 하나만 대라, 그러면 살려주겠다고. 허지만 이름 하나 대면 나 사는 대신, 그가 죽는 거지요."

말이 잠시 끊기더니 은철의 입술이 파르르 떨렸다. 도현은 은철의 얼굴을 바라보면서도 눈은 잘 마주치지 못하고 피했다.

"밤마다 그냥 죽고 싶었습네다. 차라리 죽는 게 나을 거라 생각했지요. 근데… 죽지도 않습디다. 어느 날은 하나님한테, 이젠 믿음을 좀 거두어 달라고 기도했어요. 너무 힘들어서… 계속 믿는 게 오히려 고통이라고…."

은철의 말들은 담담했다. 도현은 자신의 신앙적 혼란이 갑자기 너무나 가볍고, 얄팍하게 느껴졌다. 도현은 은철의 손등을 덮고 있는 오래된 흉터를 바라보았다. 그건 단순한 흔적이 아니라, 시간과 믿음, 생존이 뒤엉킨 붉은 낙인 같았다.

"국경을 넘고, 산을 타고, 길을 잃고, 죽은 척도 해보고… 그러다 살아났지요. 살았다는 건… 그냥, 죽지 않았다는 뜻일 뿐이었습네다."

은철은 짧게 웃었다. 숨 막히는 고백 사이로 흘러나온 한숨 같은 웃음이었다.

"중국으로 넘어간 건 겨울이었습네다. 두만강이 얼어붙어 있었고, 그날 밤은 달도 없었지요. 강을 넘을 적에는 겁난다는 생각보다… 그냥, 이젠 다 끝났으면 좋겠다는 생각밖에 없었습네다."

그는 종종 그날 밤을 꿈꿨다. 얼음이 살짝 깨질 듯한 강 한가운데서 자신이 멈춰 서 있는 꿈이었다. 숨이 막히고, 다리가 떨리던 추운 밤은 수년이 지난 지금도 쉽게 사라지지 않았다. 수용소에서 풀려난 뒤, 은철은 더 이상 누구도 믿지 않았다. 브로커조차 믿을 수 없었지만, 방법이 없었다. 중국 땅에 들어선 뒤, 그는 다시 숨기 시작했다. 창문 없는 방, 지하 식당 창고, 비닐 천막 아래 하루 두 끼도 버거운 나날들이 이어졌다. 공안의 발소리에 심장이 멎을 듯한 수많은 밤들. 이름을 밝히지 않고, 그곳에서 그는 이방인으로서 숨은 삶을 살았다. 그러다 우연히 선교 단체를 만나, 그들의 도움으로 라오스를 지나 방콕에 도착했다.

라오스로 가는 길은 말 그대로 죽음을 건 이동이었다. 산을 넘고, 밤길을 걷고, 강을 건너고, 시멘트 바닥 위에 엎드려 몇 시간을 기다리기도 했다. 태국에서는 스스로 경찰에 갔다. 당시에는 자진 체포 후, 이민국 수용소에 들어가야 미국 망명 절차가 시작됐다.

"거기서 또 한 달은 견뎌냈습네다. 유엔 일꾼이랑 미국 대사관 사람들 면담 받고, 미국 가는 걸 택했지요. 한국도 있었지만… 그쪽엔 내 아는 사람 하나도 없었습네다."

도현은 입술이 바짝 말라 어떤 말을 꺼내야 할지 떠오르지 않았다. 그저 고개를 끄덕이기도, 힘드셨겠어요, 라고 말하기도 어색했다. 어쩌면, 위로의 말이 오히려 은철의 이야기를 무디게 만들어 버릴 것 같았다. 그건 단순한 서사나 회상이 아니라, 목숨을 건너온 자만이 할 수 있는 버텨낸 시간의 고백이다. 도현은 한참을 고개 숙인 채 있었다. 어떤 공감도, 설명도, 결론도 없이, 그저 한 사람의 고백이 공기 속으로 천천히 사라지고 있었다.

로스앤젤레스에 도착한 은철은 말도, 건물도, 사람들의 표정도, 정말 모든 게 낯설었다. 하지만 낯선 눈빛들 속엔 자신을 감시하는 기색은 없었다. 그것만으로도 위로가 되었다. 몇 달 뒤, 은철은 교회 봉사단체의 안내로 하와이에 오게 되었다. 공사장 일은 익숙하지 않았지만, 손으로 무언가를 올리는 일이 기도와 닮았다고 생각했다.

"하와이는 조용해서 좋습네다. 말 안 해도 되는 시간이 많아서 마음이 좀 놓이우지요."

도현은 여전히 입을 다문 채 있었다.

"북조선 지하교회에선… 우리 모두를 요한이라 불렀습네다."

은철은 마지막으로 덧붙였다.

"이름이란 건 밝히면 안 됐습네다. 누가 잡혀도, 체포당하는 건 요한이었지, 진짜 그 사람은 아니었으니까요."

도현의 등줄기를 타고 묘한 전율이 흘러내렸다. 학교에서 시청한 영상에서는 '우리는 기도를 눈으로 드렸다'는 말과 함께 꼭 '요한'이라는 이름이 등장했다. 도현의 머릿속에 신분을 감추기 위해, 신앙을 지키기 위해, 누군가의 이름이 되어야

했던 사람들이 떠올랐다. '모든 이들이 요한이라 불렸습니다.'

리프트가 어디선가 낮은 진동음을 내며 움직였다. 언저리에서 작업자들이 망치로 목재를 두드리는 소리가 둔탁하게 이어졌다. 한쪽에는 자재 포대가 쌓여 있고, 그 위로 바람에 날린 먼지가 얇게 흩날렸다. 주변을 둘러보자, 모든 게 평소처럼 움직이고 있었다. 그러나 도현에겐 그 움직임들이 갑자기 너무 멀게 느껴졌다. 현장은 그대로였지만, 자신이 앉아 있는 자리만이 시간을 벗어난 공간처럼 고요했다. 두 사람 사이로 바람 한 줄기가 말없이 지나갔다.

은철은 언제나처럼 가볍게 미소지며 고개를 짧게 숙이더니, 다시 일터를 향해 몸을 돌렸다. 도현은 그의 뒷모습을 한참 바라보았다. 자신 안에 뒤엉켜 있는 감정들이 울렁거렸다. 연민, 거리감, 이해할 수 없는 존경, 그리고… 묘한 거부감. 감정들은 모두 신앙을 중심으로 얽히고 묶인, 정리되지 않은 하나의 매듭 같았다. 어느덧 해는 언덕 너머로 천천히 기울고 있었다. 길게 뻗은 녹슨 철근들의 그림자가 땅 위에 파도처럼 밀려왔다.

하와이의 아침은 뜨겁다 못해 따가웠다. 현장의 길목에서 마주치는 은철의 모습은 여전히 조용했다. 기계음 사이로 전동 톱이 울려 퍼지며, 짧고 날카로운 소음이 먼지를 갈랐다. 열기를 품은 콘크리트 바닥 위에서 거대한 기계들이 일정한 간격을 두고 요란하게 작동했다. 전동 리프트가 철근 묶음을 천천히 들어 올렸다. 도현의 눈에는 아무 말 없이 세상에서 무언가를 치워버리는 듯 보였다. 도현은 워커 끈을 단단히 묶고, 자재 사이를 조심스레 지나갔다. 대형 리프트가 옮겨 놓은 철제 빔에 작업자들은 고정 위치에 맞춰 용접하거나, 나사로 연결했다. 곁에서 도현은 한쪽 벽면에서 떨어진 피스들을 줍고, 엉킨 케이블을 풀어 다시 고정핀에 걸었다. 철제 빔 사이로 햇빛이 비스듬히 쏟아지며 눈이 부셨다. 바람 한 점 닿지 않는 작업복은 축축하고 무거웠다.

몇 날 며칠 기계는 쉬지 않고 자재를 옮겼고, 현장은 일정한 리듬으로 굴러갔다. 도현은 아무리 움직여봤자, 무엇도 자신이 바꿀 수 없다는 걸 깨달았다. 집에서도, 학교에서도, 이곳 현장에서도. 리프트가 벽체를 들어 올리는 동안, 도현은 멀리서 보이는 은철의 모습을 멀뚱히 바라보았다. 그는 혼자 목재를 정리하며 무언가 또 중얼거렸다. 멀리서 들리지 않았지만, 기도가 분명 했다.

“나라만 바뀌면 다 바뀌데요. 얼굴도, 말투도, 눈빛도. 그래도 예수 믿는단 말은 어디서도 마음 편히 못 했습네다. 죄가 아닌 나라에 있어도, 나는… 늘 죄진 사람처럼 살게 됩디다.”

창문 틈 사이로 들어오는 바람은 축축했고, 어둠은 눅눅하게 방 안을 덮었다. 깜깜한 어둠에서 조용히 번지는 은철의 존재감이 계속 도현의 머릿속을 떠나지 않았다.

“하나님은 말이요, 멀어지시는 분이 아니시라요. 우리가 아무리 도망쳐도, 기도 한 마디 안 해도… 한 번 불러주신 사람은 절대로 잊지 않는 분입네다.”

은철의 이야기는 신앙이 아닌 신이라는 존재 자체를 향한 절실한 고백처럼 들렸다. 도현에게 처음에는 낯설고 부담스럽기만 했던 얼굴이 이제는 조금 다르게 보였다. 이름을 잃고 살아야 했던 사람. 그럼에도 여전히 신을 믿고 살아가는 사람. 침묵과 고요한 말 사이에 흐르는 무언가가, 도현의 마음을 아주 조금, 그러나 분명히 건드리고 있었다.

"그런데 어떻게 계속 믿을 수 있죠? 하나님은 아무것도 안 하셨잖아요. 당신 고문당하고, 가족 잃고, 도망치도록 만들었는데…."

도현은 은철을 찾아가 따지듯 물었다. 그는 조금도 당황하지 않았다.

"신앙이란 건 기적을 바라는 게 아니더이다. 괴로운 속에서도 믿음을 놓지 않는 거지요. 하나님은 언제나 말씀이 없으셨습네다. 침묵이 우리를 외면했다는 건 아니지요. 고요함도… 주님이랑 같이 걷는 방식일 수 있지 않겠습네까? 하나님은 내 아픔을 없애주시진 않았지만, 날 혼자 두진 않으셨습네다."

공사 마지막 날, 하와이의 아침은 유난히 맑았다. 철제 구조물의 그림자 아래에서 공구들을 정리하며 오가는 몇몇 자원봉사자들. 은철도 여느 때와 다름없이 지게차 옆에 쌓인 목재 더미를 묵묵히 정리하고 있었다. 도현은 마지막으로 그의 옆에 섰다. 무슨 말을 해야 할지 몰랐다.

그동안 감사하다고 하기엔 가볍고, 당신을 위해 기도하겠다고 하기엔 아직 멀게 느껴졌다. 그러나 말없이 서 있는 것만으로도 무언가 나눴다는 기분이 들었다. 그때, 은철이 먼저 말했다.

"다시 돌아가면… 마음이 더 복잡해질 수 있습네다. 믿음이 흔들릴 땐… 그 흔들림마저도 주님 앞에 무릎 꿇고 기도해 보시라우."

도현은 바로 고개를 끄덕였다. 은철은 잠시 고개를 숙였다가 다시 얼굴을 들며 작게 웃었다.

"믿음이란 건… 먼저 입으로 내뱉는 게 아니더이다. 그냥… 살아남은 자리에 조용히 남는 거지요."

둘은 악수도, 포옹도 하지 않았다. 다만 서로를 바라보다가 천천히 다른 방향으로 걸어갔다.

말보다 확실한 작별이었다. 그들 사이에는 조용히 함께 있었던 시간만이 묵직하게 남았다.

도현은 다시 학교로 돌아왔다. 계단의 각도도, 복도의 공기도 모두 이상하고 낯설게 느껴졌다. 기숙사에 들어서자, 다니엘이 반갑게 손을 흔들었다.

"드디어 돌아왔네! 하와이는 어땠어?"

예전이라면 입을 다문 채 대충 웃어넘겼겠지만, 도현은 환하게 웃었다.

"무진장 뜨거웠어."

다니엘은 고개를 갸웃하더니 함께 웃었다.

밤이 되자, 다니엘은 평소처럼 책상 앞에 앉아 성경을 폈다. 순간, 다니엘의 스탠드 불빛이 어둠을 찢듯 번져 벽으로 길게 드리워졌다. 그의 어깨와 팔, 머리 윤곽이 벽 위로 불균형한 그림자를 만들어 냈다. 도현은 그림자를 멍하니 바라보다가 이상한 감정에 사로잡혔다. 그건 분명 다니엘의 실루엣이었지만, 동시에 너무 익숙한 형체였다. 설교단 위에서 팔을 흔들던 아버지, 식탁 너머에서 말씀을 되뇌던 어머니, 그리고 주일마다 자신을 둘러싸던 교회 사람들의 믿음 어린 손짓. 모든 기억이 다니엘의 그림자 안에 겹쳐 보였다. 아무 소리도 들리지 않았지만, 그림자는 묵묵히 도현을 향해 무언가를 말하는 듯했다. 소리 없는 말의 기세는 오히려 더 강하게, 뚜렷하게 다가왔다. 도현은 조용히 숨을 들이쉬었다. 가슴 깊은 곳에서 무언가 서서히 차올랐다. 눈을 감았지만, 어둠 너머 어딘가에서 누군가의 시선이 자신을 지켜보고 있는 것 같았다.

도현은 자기도 모르게 입술을 움직였다. 처음으로 신이라는 단어를 이해하려 하지 않고, 바라보고 싶었다.

"…주님, 지금은 그냥 여기 있습니다."

믿음이라 부르기에는 아직 부족했지만, 진심이 담긴 첫 속삭임이었다. 어디선가 밝고 환한 빛이 쏟아지는 듯했지만, 도현은 꼭 감은 눈을 뜨진 않았다.

정치범 수용소

북한 정치범수용소는 1947년 10월 30일 '특별노무자수용소'에 대한 지침 발표 후 북한 전역에 설치된 17개의 특별노무자수용소가 시초라 할 수 있다. 북한 당국은 종교인을 포함해 통치에 방해가 된다고 판단되는 인물과 그 가족을 그곳에 강제 감금했으며, 일본에서 온 북송 교포들을 가두는 용도로도 사용했다. 1971년에는 일본에서 온 북송 교포들이 기독교를 주민들에게 전파한 일이 김일성에게까지 보고된 적이 있다. 당시 김일성은 그 문제에 대하여 다음과 같이 언급하였다.[1]

"함경북도 안전국장 동무가 토론에서 일본으로부터 들어온 동포들로부터 무서운 종교가 들어와 사회에 퍼져 겁이 난다고 하지만 그렇게 겁낼 필요가 없습니다. 우리 당의 사회 안전 정책에는 종교인들에 대한 처리방침이 명확히 제시되어 있습니다. 그대로 하면 됩니다. 나이 많은 늙다리 종교쟁이들은 죽어야 그 버릇을 고칩니다. 그러니 그들을 무자비하게 없애 버려야 합니다. 그리고 철없는 젊은이들이 종교에 물이 드는 것은 우리가 사상 교양을 강화하고 종교의 허위성과 비과학적인 내용을 잘 해설해 주면 얼마든지 막을 수 있습니다. 그 중에서도 악질을 제거하고 반동분자들 특히 적대계층 출신자들의 경우는 모두 수용소에 가두도록 하면 됩니다. 그렇게 걱정하지들 말고 머리를 쓰시오."(편집자 주: 1971년도의 북송자 수는 총 1,318명이며, 전체 북송자 수는 93,340여 명에 달한다.)[2]

북한 정치범수용소는 현재 6곳으로 밝혀져 있다.[3] 정치범수용소 수감자는 총 23만 2천 명인데 해마다 그 수가 늘어나고 있다.[4] 2016년 (사)북한인권정보센터에서 발간한 『북한 정치범수용소 근무자, 수감자 및 실종자 인명사전』에 따르면 수감자 중 종교활동으로 수감 된 사람의 비율은 4.9%, 외부 방송 청취로 수용소에 수감 된 인원의 비율은 1.7%, 15호 수용소의 경우 종교활동으로 수감 된 사람은 7.4%, 외부 방송 청취는 2%에 달한다.

---

1 사회안전부, 「사업 총화와 과업에 대하여」, 1974, p.198.

2 「북녘의 남은 자들을 위한 기도」, 《은석논장》, 1990, p.170.

3 국가인권위원회, 「북한정치범수용소 실태조사 요약문」, 2009.

4 《데일리앤케이》, 2021.7.27.

기도의 숲

김서하

황해북도 깊숙한 산골. 산줄기는 겹겹이 이어져 끝은 보이지 않았고, 외부 세계와의 연결은 거의 단절된 듯했다. 흙먼지 이는 오솔길 하나가 마을을 외지와 이어주지만, 장마철이면 그마저도 끊기기 일쑤였다. 나라에서 주던 배급 식량은 턱없이 부족했고, 사람들은 뒷산에서 나뭇잎과 풀뿌리를 캐어 연명했다. 감자를 얇게 저며 말린 뒤 죽처럼 끓여 하루 한 끼를 버텼다. 그래도 계절이 바뀔 때마다 꼭 한두 명씩은 굶어 죽거나, 연료가 떨어져 동상에 걸린 채 시름시름 앓았다.

마을회관의 확성기는 한동안 입을 다문 채 고장 난 듯 조용했다. 마을 어귀에는 바람에 바스락대는 붉은 천 조각과 '수령 결사옹위'라 적힌 낡은 구호판. 해바라기처럼 걸려 있는 김일성 초상화가 빛바래있었다. 전깃불은 한 달에 한두 번, 누군가의 결혼식이나 당 간부 회의가 있을 때만 잠깐 켜졌다가 곧 사라졌다. 그나마 몇 분을 넘기지 못했다. 매일 해가 지고 마을로 내려온 어둠은 마치 검은 물결 같았다. 사람들은 송진을 얇게 발라 만든 초를 켜거나, 쥐약과 비료를 희석해 만든 위험한 연료로 방안을 밝혔다.

어릴 적 나는 어머니 무릎에 앉아 매일 밤 이야기를 들었다.

"옛날 옛적에 말이야… 빛보다 먼저 계신 분이 있었댔어. 그 분이 말씀으로 세상을 만드셨댔지. 흙으로 사람을 빚고 숨결을 후~ 하고 불어넣으셨는데, 따뜻한 숨이 바로 생명이 됐지."

어머니의 목소리는 어두운 방 안을 천천히 밝혀주는 등잔불 같았다. 창호지로 막혀 있는 창문과 벽을 타고 찬바람이 슬그머니 기어들었지만, 이야기가 시작되면 방 안은 온기로 가득 찼다. 어머니는 자신이 들려주는 이야기가 세상에서 가장 오래된 '말씀'이라고 했다.

"기림아, 이거이 그냥 바람결에 떠도는 소리가 아니야. 핏속 깊숙이 새겨야 할 기런 진짜 이야기야."

이야기들은 하나같이 낯설고 신비한 옛 전설 같았지만, 아버지는 눈에 보이지 않아도 제일 진짜인 거라고 말했다. 그때마다 나는 마음 깊은 곳 어딘가가 찌르르 떨렸다.

"큰 바다 한가운데 말이야, 엄청 커다란 물고기가 있었댔어…. 사람 하나를 꿀꺽 삼켰는데 말이지, 상처 하나 없이 말끔히 삼켰댔지."

"진짜루 물고기가 사람을 삼킬 수가 있어? 삼켰는데도 안 죽고 살았댔어?"

나는 눈을 동그랗게 뜨고 어머니의 입술을 바라보았다.

"당연히 살았지. 사흘 밤낮을 그 커다란 물고기 배 속에서 울면서 기도했댔어. '하나님, 나 좀 살려주시라요!' 하구 말야. 그 사람은 항상 말씀을 잊지 않고 기억하고 있었거든. 말씀을 가슴에 새긴 사람은 말이디, 어디에 있든 다시 살아나는 법이야."

어머니의 이야기는 내가 아는 세상과 전혀 달랐다. 불구덩이에 들어가도 타지 않고, 깊은 물에 빠져도 숨을 쉴 수 있었다. 홍수가 덮치던 날에도, 돌더미 속에서도, 십자가에 매달려 피를 흘리던 순간에도, 세상이 아무리 뒤집혀도 끝은 언제나 변함이 없었다.

"허지만 그분은… 또다시 살아나셨댔지."

'말씀'은 언제나 죽음조차 새로운 시작이었다.

어머니의 이야기를 들은 밤이면, 나는 종종 꿈을 꾸었다. 그날 밤에도 이불을 목까지 끌어당기고 눈을 감았다. 눈꺼풀은 무겁게 내려앉았지만, 내 몸은 바다 위로 천천히 떠올랐다. 딱딱한 방바닥은 물고기 비늘처럼 반짝였고, 천장은 잔잔한 파문을 타고 흔들렸다. 나는 파도 위에 서 있었다. 바다는 깊고 푸르렀다. 무섭지 않았다. 물결은 내 발을 지탱해 주었고, 나는 마치 베드로처럼 두려움 없이 파도 위를 걸었다. "두려워하지 말라, 내가 너를 구속하였고 너를 이름으로 불렀으니 너는 나의 것이라." 어머니가 해준 말씀이 물살처럼 마음속에 출렁였다.

바다 깊은 곳에서 한 줄기 피어오르는 빛을 따라 걸어가니, 물고기들이 내 곁으로 다가왔다. 커다란 물고기가 내 아래로 누워 등을 내어주었고, 나는 조용히 올라탔다. 멀리 수평선 너머에서 일곱 개의 별이 떠오르며 하늘과 바다가 맞닿았다. 구름이 바다처럼 흐르고, 바다가 하늘처럼 열리더니, 멀리 말씀 속 그분이 보였다. 얼굴은 없었지만, 나는 단번에 알 수 있었다. 아무런 목소리도 들리지 않았지만, 그분의 존재는 바다처럼 깊고 크고 웅장했다. 배급장에 줄을 서는 사람들, 헛간에서 썩은 고구마 껍질을 뒤지는 아이들. 현실의 세상은 여전히 굶주림과 추위로 떨고 있었지만, 바다는 하나님이 깊은 곳에 감춘 보화처럼 풍요와 자비로 충만했다.

"주여, 부디 이 아이를 불쌍히 여기시고, 말씀을 잊지 않게 하시고, 당신의 품에서 멀어지지 않게 하소서…."

어머니의 기도 소리가 희미하게 들리면서 나는 잠에서 깼다. 이불 밖 공기는 차가웠고, 천장은 더 이상 물결치지 않았다. 그러나 내 몸은 여전히 어딘가 고요히 떠 있는 것 같았다. 어머니는 눈물 섞인 낮은 목소리로 계속 기도했다. 어머니의 목소리가 파도처럼 내 귓가에 밀려왔다. 나는 다시 꿈으로 돌아가고 싶었지만, 멀리서 수탉 우는 소리가 들렸다. 세상은 또 다시 가난한 하루를 시작하고 있었다.

마당 끝 감나무 가지에 까치 한 마리가 오래도록 앉아 있던 날이었다. 사람 소리도, 개 짖는 소리도 들리지 않는 유난히 조용한 하루였다. 언제부턴가 마을에서는 하나둘 소리가 사라졌고, 그날 어머니는 입을 굳게 다문 채 아무 말도 없었다. 나는 장독대 옆에서 마른 흙을 파헤치며 뒷마당에 앉아 있는 어머니를 기다렸다.

뒷마당에는 오래전부터 깊게 파묻힌 김치 창고가 있었다. 장독대보다 더 아래, 땅을 세 평쯤 파내어 돌로 벽을 쌓고 진흙으로 바른 뒤, 덮개를 씌운 구조였다. 김치 창고는 겨울이면 영하 20도 아래로 떨어지는 곳에서 냉장고보다 더 믿을 만한 생명줄이었다. 아버지는 그곳을 우리 집 살림 밑천이라 불렀다. 가을이면 배추를 절이고, 무를 썰어 항아리에 차곡차곡 눌러 담았다. 소금을 아껴서 뿌리고, 마늘과 고춧가루는 귀한 만큼 아예 빼는 날도 많았다. 그렇게 담가 넣은 김치는 겨울을 지나는 내내 우리 가족이 입에 넣을 수 있는 유일한 반찬이었다.

여름이면 그곳은 나의 놀이터가 되었다. 무더위가 마당 위로 퍼질 때, 나는 슬그머니 장독대 뒤편으로 숨어들었다. 창고 덮개를 살짝 들추고 안으로 들어가면, 서늘한 공기가 내 볼을 먼저 감싸 안았다. 나는 마른 짚과 헝겊으로 덮여 있는 바닥에 배를 깔고 누워 더위를 식혔다. 그리고 혼잣말로 동화를 지어냈다. 항아리는 괴물의 집이었고, 나는 괴물을 피해 도망친 작은 주인공이 되었다. 때로는 손에 쥔 새끼줄을 칼 삼아 괴물을 물리치기도 하고, 바닥에 누운 헝겊이 작은 뗏목이 되어 나를 바다로 데려가곤 했다. 어머니는 내가 창고 안에 있는 줄도 모르고 마당을 한참이나 찾아다녔다.

"기림아, 어디 갔니?"

어머니의 소리가 귓가에 들리면, 나는 조용히 입을 틀어막고 웃음을 참았다.

먼 산자락에 길게 드리운 구름 사이로 해가 서서히 넘어가고 있었지만, 어머니는 뒷마당에서 한참을 더 움직이지 않았다. 김칫국처럼 하늘이 붉게 물든 뒤에야, 어머니는 낮은 목소리로 내게 말을 걸었다.

"기림아, 저거이 원래는… 배고픔을 이겨내기 위한 곳이었지?"

어머니는 김치 창고와 나를 번갈아 바라보며 말을 이었다.

"이제 저기는… 영혼의 허기를 감추는 곳이 돼야 해."

그러고는 내 두 손을 꼭 감싸 쥐었다. 어머니의 양손에서 말로 표현할 수 없는 뜨거운 긴장감이 느껴졌다.

마을에서 누가 국가안전보위부에 끌려갔다는 소문은 늘 빠르게 돌았다.

"무슨 말을 했댔어?"

"기도하다 들켰다더라."

"집에 책이 있었댔지."

소문은 돌았지만, 근거는 없었고, 정답도 없었다. 무엇보다 중요한 건, 한번 사라진 사람은 다시 돌아오지 않는다는 사실이었다. 사람이 사라진 집은 장마철이 되면 빗물에 떠내려간 집처럼 금세 폐허로 변했다. 주변 사람들은 처음엔 걱정했지만 바로 모르쇠 외면했다.

"모른 척해야디, 괜히 엮이면 아니 돼."

어른들은 주문처럼 같은 말을 중얼거렸다. 그러는 사이 누가 사라졌는지도 점점 희미해졌다. 사라짐은 어느 순간부터 특별한 일이 아니었다. 나만 아니면 상관없는 일이었다.

그해 겨울밤은 음산한 바람이 숲을 긁듯 휘몰아쳤다. 나는 부엌 아궁이 옆, 작은 방에 누워 있었다. 두 사람이 나란히 눕기에도 비좁은 방은, 방이라기보다 세상과 나 사이에 남겨진 작은 틈 같았다. 그때 마당에서 단단히 얼어붙은 눈 위를 누군가 조심스레 걷고 있었다.

“쉿… 조용히 들어오시라요.”

사각사각 눈이 밟히는 소리 위로 어머니의 숨죽인 목소리가 들렸다. 상대의 말끝은 바람 소리에 씻겨 무슨 말인지 들리지 않았다. 캄캄한 방 안에서 나는 이불을 걷어내고, 문 쪽으로 기어갔다. 창호지에 덧댄 헝겊 문을 살며시 밀어내자, 문틈 사이로 스며든 한기가 얼굴을 훑고 지나갔다. 나는 본능적으로 숨을 들이켰다. 달빛조차 닿지 않은 마당은 까맣게 잠들어 있었다. 나는 조심스럽게 방을 빠져나왔다. 소리라도 새어 나가면 들킬 것 같아, 신발도 신지 않은 채 맨발로 눈 위를 내디뎠다. 차가운 눈이 발바닥을 파고들자, 숨이 멎을 것 같았다.

어머니와 아버지를 뒤따라 모자를 깊이 눌러쓴 어른들이 마당 뒤편으로 천천히 걸어갔다. 어둠 속에서도 그림자의 움직임이 어슴푸레 보였다. 아버지는 손에 무언가를 들고 있었고, 어머니는 자꾸 뒤를 돌아보며 조심스럽게 발걸음을 옮겼다. 나는 이불 위를 기어가듯, 눈 위에 몸을 낮춘 채 몸을 숨기며 따라갔다. 작은 소리에도 심장이 요란하게 뛰었고, 숨은 점점 짧고 거칠어졌다.

"…이쪽으로."

뒷마당에서 아버지가 장작더미로 가려놓은 김치 창고 문을 열었다. 어른들은 그곳으로 살금살금 들어갔다. 어머니와 아버지는 숨소리마저 감시당하듯, 뒤를 돌아 주변을 샅샅이 살폈다. 나는 알 수 없는 어둠의 길목에 서서 그 모습을 지켜보았다. 숨을 내쉴 때마다 하얀 입김이 떠올랐다가 금세 흩어졌다. 어른들이 사라진 자리에는 차가운 바람만이 얼어붙은 마당을 휩쓸고 있었다.

'왜 이 캄캄한 밤에 어른들은 김치 창고 안으로 들어갔을까?'

'혹시 내가 모르는 비밀통로가 또 있는 걸까?'

싸늘하게 식은 이불 속에서 수많은 질문이 머릿속을 스쳐 지나갔다. 눈을 감아도, 어른들의 까만 그림자가 눈앞에 아른거렸다. 새벽에 눈을 떴을 때, 아버지는 내 옆에 앉아 기도하고 있었다.

"북한 땅에 다시 복음이 살아나게 하옵소서. 우리 자식은 성경을 마음껏 읽고, 말씀을 자유롭게 전할 수 있는 세상에서 살게 하소서…."

아주 작은 목소리였지만, 새벽의 침묵 속에서 아버지의 기도는 깊이 울려 퍼졌다. 나는 이불 속에서 숨을 죽인 채, 꼼짝하지 않았다. 아버지의 기도는 마치 김 서린 유리창에 손가락으로 쓴 글씨처럼 조용히 내 마음에 새겨졌다. 그날 나는,

어머니와 아버지가 김치 창고에 들어가 몰래 예배한다는 사실을 알게 되었다.

계절이 바뀌는 줄도 모르고, 어른들은 밤마다 김치 창고로 들어갔다. 나는 밤바다 허리춤밖에 되지 않는 좁은 문을 드나드는 어른들을 지켜보았다. 몸을 구부려 불편한 문턱을 넘을 때에도, 그들의 얼굴에는 평온이 깃들어 있었다. 어머니는 그곳이 바깥의 추위도, 굶주림도, 두려움도 잊게 해주는 숨결 같다고 말했다. 시간이 흐를수록 식량보다 더 많은 사람이 창고 안으로 들어갔다. 나는 어른들이 다시 문밖으로 나오지 못할까 봐, 자꾸만 두려워졌다.

밤이 되면 나는 혼자 마루 끝에 앉아, 보초를 서듯 귀를 바짝 세웠다. 발소리 하나, 개 짖는 소리 하나에도 온몸이 움찔했다. 누구도 시키지 않았지만, 나는 누군가를 지키듯 가만히 거기 앉아 있었다. 그럴 때면 아버지의 기도가 속삭이듯 마음속에 떠올랐다.

"주여, 우리가 지켜야 할 것을 두려움 앞에서도 잊지 않게 하소서."

아버지의 말은 어느새 내 기도처럼 마음 깊숙이 내려앉았다. 나는 조용히 손을 모았다. 기도하는 법은 몰랐지만, 아버지처럼 두 눈을 감자 마음이 편안해졌다. 숨을 내쉴 때마다 뜨거운 것이 눈가로 밀려났고, 손바닥 사이에선 따뜻한 기운이 조용히 퍼져나갔다. 내 안에서 자라나는 어떤 간절함이 숲처럼 마음을 채우고, 뿌리처럼 어딘가를 향해 조용히 뻗어나가는 것 같았다.

봄이 오자, 마을 앞 개울가엔 버들강아지가 툭툭 고개를 들었다. 논둑 옆 매화나무에도 하얗고 보드라운 꽃잎이 매달리기 시작했다. 장독대 위에는 하얀 눈 대신 따뜻한 햇살이 내려앉았고, 아이들은 신발을 벗고 맨발로 흙바닥을 뛰어다녔다. 봄은 그렇게 고요하고 평화롭게 피어났다. 그러나 김 씨 아저씨네 가족은 흔적도 없이 사라졌다. 누군가는 탈북했다고, 누군가는 끌려간 거라고 수군거렸지만, 사실 김 씨 아저씨 가족이 사라진 일은 전혀 뜻밖의 일이 아니었다. 며칠 전부터 보위부 차량이 마을 입구에 멈춰 서 있는 걸 모두가 목격했기 때문이다. 사복을 입은 남자 셋이 어느 저녁 담장을 넘었고, 그날 밤 김 씨 아저씨네 집 안에서는 비명이 쏟아져 나왔다.

사흘 뒤, 마을 중앙광장에는 모든 주민이 소집되었다. 누구도 이유를 묻지 않았다. 이름이 불린 사람들은 울거나 저항하지 않았다. 광장은 숨이 막힐 듯 조용했다.

"다들 똑똑히 봐둬야지. 감히 주님을 찾으면 어떻게 되는지 보라우!"

보위부는 처형 목격을 강요하며 맨 앞줄에 일부러 학생들을 세웠다. 눈을 감으려 할 때마다 군복 입은 병사가 어깨를 툭툭 쳐 깨웠다. 나는 어머니와 아버지 사이에 끼인 채 서 있었다. 광장 한가운데 다섯 사람이 나란히 세워졌다. 바닥에 납작하게 깔린 다섯 개의 그림자를 군홧발이 짓밟았다. 그림자는 곧 사라질 생의 윤곽처럼 아슬아슬하게 흔들렸다. 그중에는 밤마다 우리 집 뒷마당에 몰래 찾아오던 윤 씨 아주머니도 있었다. 언제나 내 손을 꼭 잡고, 하나님은 눈에 보이지 않아도 늘 옆에 계신다고 말해주던 아주머니. 아주머니는 핏기가 가신 창백한 얼굴로 입술을 바르르 떨었다. 떨면서도 말이 아닌 떨림으로 기도하고 있었다.

'하나님… 지금 어디 계시나요? 이 끔찍한 광장도 다 보고 있지요?'

나는 속으로 계속 하나님을 찾았다. 자동으로 손이 가슴 위로 올라갔지만, 어머니가 내 팔을 꽉 붙들었다.

'하나님… 제발요. 지금, 여기 좀 와주시라요!'

흙먼지 위에 무릎을 꿇은 다섯 사람은 등 뒤로 손이 묶인 채 고개를 떨구었다. 뒤에 선 병사들은 무표정한 얼굴로 총부리를 이마 뒤에 고정하고 있었다. 사람들은 움직이지 않았다. 누구도 고개를 떨구지 않았고, 눈을 감지도 않았다. 오히려 모두가 똑바로 숨을 삼킨 채 앞을 응시했다. 시선을 피하면 의심받고, 고개를 숙이면 공범으로 지목될 수 있었기에, 사람들은 그들의 얼굴과 눈동자의 떨림까지도 끝까지 보아야 했다. 숨이 막히고 다리가 후들거렸지만, 나도 눈을 감지 않았다. 입술을 꽉 깨물며 간절히 기도했다.

'하나님 제발… 윤 씨 아주머니를 살려주시라요!'

그러나 대답 대신, 공기를 가르는 짧고 날 선 구령이 허공을 찔렀다. 탕, 탕, 탕. 귀를 찢는 총성이 울리고, 세상이 정지

된 듯 모든 움직임이 멈췄다. 윤 씨 아주머니의 몸이 허공에서 잠깐 멈춘 듯하더니 힘없이 무너졌다. 붉은 피가 흙먼지 위에 번지며, 그림자 위로 작은 웅덩이를 만들었다. 입 안이 바싹 말라붙어 아무 소리도 나오지 않았다. 순간, 어릴 적 뒷골목에서 개를 잡던 장면이 떠올랐다. 도살꾼이 몽둥이를 내리치자, 개는 한쪽 다리가 꺾이며 눈을 부릅뜬 채 바닥에 머리를 처박았다. 사지를 허우적거리며 덜덜 떨던 몸은 끝내 바닥에 쓰러져, 네 발을 허공으로 내저었다. 움직임은 점점 둔해지고, 끝내 혀가 입 밖으로 축 늘어져 먼지 묻은 땅바닥을 질질 끌었다. 뜨거운 금속 냄새 같은 피비린내가 콧속을 파고들었고, 속이 울렁거렸다. 나는 손으로 입을 틀어막은 채, 죽어가는 개와 눈이 마주쳤다. 개의 눈은 죽음 앞에서도 감길 줄 몰랐다.

총을 맞고 쓰러진 사람들의 모습도 마찬가지였다. 누군가는 바닥에 머리를 처박으며 고꾸라졌고, 누군가는 옆으로 쓰러져 온몸을 떨었다. 허공을 향해 비틀거리다 그대로 무너졌고, 흙바닥 위로 고개를 비튼 채 눈을 감지 못했다. 뒷골목에서 짓밟히던 개처럼, 사람의 죽음도 그렇게 잔인하고 처참했다. 왜 그분은 옆에 계시지 않는 걸까. 내 눈앞에서 믿음이 덜컥, 바닥으로 떨어졌다. 처음으로 믿는 일이 무서웠다. 차라리 아무도 없다고 믿는 편이 덜 아프고, 덜 절망스러울 것 같았다.

광장의 흙바닥은 한동안 말라붙은 핏자국들로 얼룩져 있

었다. 바람 한 점 불지 않았지만, 피비린내는 계속 흩날렸다. 처형이 끝난 뒤에도 마을의 이상한 정적은 꽤 오래 머물렀다. 그날의 광경을 지켜본 사람 중 몇몇은 끝내 말을 잃었고, 혼잣말로 기도하던 할머니는 강 건너 어딘가로 사라졌다. 아무도 묻지 않았고, 아무도 뒤를 쫓지 않았다. 사람들은 '성경'이라는 말을 입 밖에 꺼내지 않았다. '기도'라는 단어도 아예 세상에 존재한 적 없는 말처럼 공기 속에 사라졌다. 나는 한동안 눈을 감지 못했다. 눈을 감아도 눈꺼풀 안쪽에 그날의 장면이 그대로 붙어 있었다. 총성과 함께 바닥을 덮던 붉은 그림자가 살점을 파고든 가시처럼 내 안을 파고들었다.

계절은 금세 여름의 문턱을 넘어섰다. 뒷산의 나무들은 초록으로 우거졌고, 마을은 아무 일도 없었던 때처럼 돌아갔다. 어른들은 논으로 나가 잡초를 뽑고, 아이들은 개울가에서 물장구를 쳤다. 어머니와 아버지는 다시 매일 밤 김치 창고로 들어갔다. 여전히 좁은 문을 허리 굽혀 드나들며, 촛불 하나를 품고 기도했다. 나에게 들려주는 이야기도 멈추지 않았다.

"걱정말라우. 하나님은 언제나 너를 꼭 기억하실 기야…."

나는 믿지 않았다. 왜 같은 하나님께 기도했는데, 사자굴에 던져진 다니엘은 살아 돌아오고, 윤 씨 아주머니는 끝까지 외면당한 채 목숨을 잃어야 했는지 따지고 싶었다.

장맛비가 지붕을 세차게 두드리고, 창호지 틈새로 바람이 휘파람을 불며 들이치던 밤. 잠결에 눈을 떴을 때, 불길함이 먼저 몸에 닿았다. 그때 갑자기 쾅— 문짝이 부서지는 소리가 방 안을 찢고 들어왔다. 심장이 작은 짐승처럼 가슴 안에서 미친 듯이 날뛰었다. 거센 바람과 흙비가 군홧발들과 함께 방 안으로 우르르 쏟아져 들어왔다. 진흙 묻은 발자국이 바닥을 짓밟고, 흙탕물이 이불과 벽지 위로 번졌다. 어둠 속에 묻혀 있는 그들의 얼굴이 전혀 낯설지 않았다.

"윤성용, 이명선. 신고 들어왔다!"

문턱에 선 남자가 고개를 비스듬히 꺾으며 말했다. 광장에서 사람들을 총살하던 남자의 목소리였다. 그의 한마디가 방 안의 공기를 단숨에 바닥까지 짓눌렀다. 총은 들지 않았지만, 눈빛은 총알보다 더 날카로웠다. 두 사람이 다가와 아버지를 바닥으로 내동댕이쳤다. 나는 뛰어들고 싶었지만, 두 다리가 땅에 박힌 기둥처럼 굳었다. 부르르 입술이 떨리고 목젖이 타들어 가듯 따가웠다. 나를 향해 돌아선 어머니가 떨리는 손으로 내 어깨를 꼭 감싸 안았다. 그러자 병사 하나가 뒤에서 어머니의 팔을 거칠게 꺾었다. 어머니의 몸이 휘청였고, 입에서 흘러나온 고통이 공기 속을 헤맸다. 나는 귀보다 먼저 눈으로 어머니의 고통을 보았다. 달려가 아버지를 끌어안고, 어머니 앞을 막아서고 싶었지만, 두 다리는 끝내 움직이지 않았다. 나는 손톱이 빠질 만큼 마루 기둥을 꽉 움켜잡았다.

'정말 하나님이 살아 계신다면 왜 아무것도 하지 않습네까?'

어머니가 들려준 이야기 중에서 나는 노아의 방주 이야기를 가장 좋아했다. 세상이 온통 물에 잠겨도, 하나님이 택한 자들은 방주 안에서 살아남는다는 말씀. 어머니는 장면마다

빗방울 소리를 흉내 내며, 마치 진짜 비가 쏟아지는 것처럼 이야기를 들려주었다. 그럴 때마다 나는 우리 집도 하나님이 지켜주시는 방주라고 믿었다.

"예수님이 말씀했댔어. '네 믿음이 너를 살려냈다.' 그러자 그 사람은 곧 눈을 뜨고, 하나님께 영광을 돌리며 예수님을 따라다녔지."

하지만 예수님의 이야기들은 모두 거짓이었다. 예수님은 오신다고 했지만, 오지 않았다. 아무리 믿고 기다려도 하나님은 나타나지 않았다.

빗소리가 잦아든 집에 나는 홀로 남았다. 문짝은 한쪽 경첩에 매달려 비스듬히 서 있었고, 찢긴 창호지는 바람에 나풀거렸다. 마당에 고인 흙탕물은 한낮의 땡볕에도 마르지 않았다. 나는 며칠 동안 방안에서 움직이지 않았다. 고작 열한 살이었던 나는 혼자 밥도 짓지 못했고, 불도 때지 못했다. 옷도 갈아입지 않은 채, 밤이면 마루 끝에 앉아 기둥을 붙잡고 눈물만 흘렸다. 이웃집 굴뚝에서는 매일 연기가 피어올랐지만, 우리 집 문 앞은 발자국 하나 찍히지 않았다. 배에서 꼬르륵 소리가 시끄러울 정도로 허기가 졌다.

부엌에 들어가 어머니가 된장찌개를 끓여주던 양은 냄비 뚜껑을 열었다. 냄비 안은 텅 비어 있었지만, 나는 손가락으로 바닥을 천천히 저으며 문질렀다. "밥 때다, 기림아." 부르던 어머니의 목소리가 그리웠다. 나는 아궁이 앞에 주저앉아, 아까워서 먹지 못하고 아껴두었다가 딱딱하게 굳은 보리떡 한 조각을 손에 들었다. 바짝 말라 돌처럼 굳은 그것을 입에 넣고 천천히 씹었다. 툭툭 부서지는 흙덩이 같은 떡에서 쓴맛인지 쉰 맛인지 모를 텁텁한 맛이 퍼졌다. 그런데도 나는 멈추지 않았다. 입안에서 묵은 곡식 냄새가 올라오는 것 같았지만, 씹고 또 씹었다. 목이 메어 떡은 도무지 삼켜지지 않았고, 입 안에서 눅눅하게 불기만 했다. 억지로 씹을수록 눈물이 흘러내렸다. 나는 정말 배가 고파서 우는 건지, 아니면 혼자여서 우는 건지 알 수 없었다.

"윤기림이 안에 있네?"

며칠 만에 누군가 찾아와 내 이름을 불렀을 때, 나는 재빨리 문 뒤로 숨었다. 검정 두건을 쓴 낯선 여자는 손에 먹을 것을 들고 문 앞에 서 있었다.

"네 부모가 원래 우리 교회 식구였소. 기림인 꼭 지켜야 한다고, 어머니가 부탁하셨소."

그날 밤 나는 여자를 따라 외진 산동네로 넘어갔다. 처음 며칠은 염소 두 마리를 기르던 할머니 집에 머물렀다.

"이놈들이나 니나, 먹을 건 다 같이 귀한 기야."

할머니는 감자를 쪄주었고, 남은 껍질은 염소에게 먹였다. 밤이면 마룻바닥에 앉아서 어머니와 비슷한 이야기를 들려주었다. 나는 아무 이야기도 듣고 싶지 않았다. 어떤 날은 숯을 굽는 아저씨가 함께 저녁 불을 지피며 이렇게 말했다.

"기도는 이렇게 숨으로 지피는 기야."

아저씨도 나처럼 성경을 책으로 본 적이 없다고 했다. 나는 타오르는 불꽃을 바라보며 생각했다. 아무것도 믿지 않으면 기도하지 않아도 된다고.

"기림아, 우리는 너를 지키는 게 아니라, 말씀을 지키는 기야."

옮겨가는 집마다 성경책은 없었지만, 모두가 입으로 말씀을 기억했다. 노아는 하나님의 음성을 듣기 위해 마음을 열고 기울였다고 했지만, 나는 점점 더 두 귀를 막았다.

열다섯 살이 될 때까지 나는 은신처를 떠돌았다. 말씀으로 나를 지켜주던 교회 식구들은 누군가의 밀고로 하나둘 사라졌다. 내 이름이 명단 어딘가에 올라가 있을지도 모른다는 공포가 밤마다 나를 괴롭혔다. 나는 머물던 동네를 떠나 산을 넘고, 사람들의 눈을 피해 풀숲에 숨었다. 밤이면 허기진 배를 움켜쥔 채 낯선 지붕 밑으로 조용히 스며들었다. 어머니와 아버지가 너무 보고 싶었다. 살아 있는지, 어디에 있는지, 단 한 마디 소식이라도 듣고 싶었다. 나는 더 이상 기도하지 않았지만, 부모의 소식만큼은 기도처럼 간절히 기다렸다.

나보다 두 살 어린 정남을 만난 건 그즈음이었다. 정남은 주워 온 따뜻한 감자 한 알을 내게 나눠주었다. 나는 말없이 받아먹으며 오랜만에 따뜻한 무언가를 씹었다. 정남의 아버지는 사람들과 새벽 예배를 드리다 어머니와 함께 체포되었다고 했다. 우리는 같은 지붕 아래서 숨을 죽인 채 함께 지냈다. 말이 없어도 서로의 눈빛은 같은 피로와 허기를 알아보았다.

"아버지는 끌려가는 마지막까지 찬송을 부르셨대요. 옆집 아줌마가 들었다대요."

정남은 웃지도 울지도 않았다. 우리는 서로의 깨진 거울처럼 부모가 남긴 믿음의 그림자 곁을 벗어나지 못했다. 그러던 어느 날, 세상과 단절된 듯 고요한 움막으로 우두둑, 우두둑… 묵직한 발소리가 무섭게 다가왔다.

"윤기림!"

나는 겁에 질린 짐승처럼 몸을 구긴 채 벌벌 떨었다. 머릿속에 무엇 하나 떠오르지 않았다. 오직 두려움만이 가슴 속에서 요동쳤다. 병사 둘이 양쪽에서 내 팔을 거칠게 낚아챘다. 손아귀가 뼈를 짓누를 만큼 매서웠지만, 나는 저항하지 못했다. 그들이 보위부라는 걸 몸이 먼저 알고 있었다.

"이 종간나새끼, 어서 일어나라우!"

억지로 나를 일으켜 세운 뒤, 힘껏 패대기쳤다. 균형을 잃은 몸이 앞으로 쏠리며 차갑고 축축한 진흙탕에 얼굴을 처박았다. 끈적하고 눅눅한 게 콧속 깊이 파고들었다. 얼굴을 들려는 순간, 썩은 낙엽 조각과 벌레 한 마리가 혀끝을 스쳤다.

"이거이… 돼지도 저렇게 진흙은 안 좋아하디."

비아냥 섞인 웃음 사이에서 나는 더 이상 사람이 아니었다. 겨우 몸을 일으켜 세웠을 때, 또 다른 군홧발이 내 등을 힘차게 걷어찼다. 다시 고꾸라진 몸을 담배꽁초 짓이기듯 짓밟았다. 그때, 나도 모르게 간절함이 울음과 섞여 새어 나왔다.

"하나님, 제발 나 좀 살려주시라요…."

진짜 단 한 번이라도, 그분이 내 음성을 듣고 있기를 바랐다.

멀리 처마 끝에서 정남은 나를 보고도 못 본 척했다. 양손에 들린 감자떡과 옥수수를 우걱우걱 씹으며 외면했다. 옆에는 군용 통조림 깡통이 굴러다녔다. 정남의 차가운 눈동자에 나는 배신과 분노, 슬픔이 한꺼번에 몰아쳤다. 그래, 결국 이렇게 되는 거지. 정남의 하늘 위로 깍, 깍, 까마귀 두 마리가 선회하고 있었다.

수용소에서 간수는 나를 차가운 벽 앞에 세워놓고 명령했다. 벽에 등을 붙이고, 무릎을 꿇은 채 두 손을 머리 위로 올리라고. 수감자들 사이에선 산 채로 마비되는 고문이라 불렀다. 처음 몇 분은 버틸만했지만, 이내 팔이 떨리고 어깨뼈가 빠지는 느낌이었다. 종아리는 점점 부풀어 오르고, 발등에는 무거운 돌을 올려놓은 듯 감각이 사라졌다. 감시병은 자세가 풀릴 때마다, 뺨을 올려붙이고 무릎 뒤를 걷어찼다. 입술이 파르르 떨리고 시야가 흐릿해졌지만 그건 시작에 불과했다. 다음 날은 등 뒤에서 손목을 거친 끈으로 묶더니, 팔을 억지로 끌어 올렸다. 양팔은 어깨 위까지 꺾인 채 철봉에 매달렸고, 발끝만 겨우 바닥에 닿았다. 어깨를 따라 타들어 가는 고통에 온몸이 경련처럼 떨렸다. 나는 차라리 양팔이 뚝, 떨어져 나가면 좋겠다고 생각했다. 한숨을 쉴 때마다 누군가 폐를 움켜쥔 듯 가슴이 조여들었다. 숨이 깊이 쉬어지지 않자, 정신이 혼미해졌다.

"1382! 일어나! 예수 믿는다는 새끼가 꼴 좋다야…."

수용소에서 나는 이름 대신 1382로 불렸다. 누군가 이름을 물어도, 숫자 1382로 대답했다. 고된 노동과 고문은 매일 나를 갉아 먹었다. 낮에는 땅을 파고, 밤에는 돌을 나르고, 잘못이 없어도 돌아가며 고문실로 끌려갔다. 쇠막대기와 전선, 물고문과 독방은 일상이었다. 물이 찬 시멘트 욕조 안에서 나는 또다시 양손이 등 뒤로 묶인 채, 무릎을 꿇고 앉았다. 그러면 감시병이 다가와 수없이 내 머리를 물속으로 꾹 짓눌렀다.

"또 기도해 보라! 하나님이 건지나 안 건지나."

얼굴에 모든 구멍으로 물이 들이닥치면, 몸이 터질 것처럼 부풀어 오르는 게 느껴졌다. 숨이 끊겼으면 하는 순간마다 간수는 내 머리카락을 낚아채며 다시 건져 올렸다. 기침이 터지면서 피가 섞인 물이 입 밖으로 쏟아졌다. 심하게 몸을 떨면 다시 쇠막대기가 날아들었다. 그러다 전기 고문이 이어졌다. 젖은 몸에 전기가 들어오면, 혀가 말리며 입 안이 타들어갔다. 입 안이 헐고, 이가 빠지고, 나중에는 말조차 할 수 없었다. 어느 방에서는 혀를 깨물어 혀가 잘렸는데도 고문이 계속 진행됐다.

한 평도 되지 않는 독방은 사람을 짐승으로 만들었다. 몸뚱이를 구겨 넣어도 벽이 등을 찌르고, 천장이 정수리를 짓눌렀다. 겨울이면 습기가 얼음장처럼 식어 피부를 파고들었고, 여름이면 습기 속에 숨이 썩었다. 숨을 쉴 때마다 뜨거운 곰팡이 냄새가 폐로 가득 들어왔다. 그곳에서 나는 다리를 땅에다 붙이고 머리를 숙인 채 일주일 동안 앉아 있었다. 마비된 몸에서 떨어진 털구멍 사이로 핏물이 겹겹이 말라붙었다.

구더기가 떠다니는 물 한 바가지를 겨우 들고 마시면, 목 안에서 살아있는 벌레가 꿈틀댔다. 처음엔 뱉었지만, 며칠이 지나자 아무렇지도 않았다. 사람이 무너지는 건 한순간이 아니었다. 아무 일도 없는 수천 개의 순간이었다. 나는 곰팡이가 핀 콩 껍질 몇 개를 이를 바득바득 갈며 씹었다. 씹는 감각이 그리웠고, 아직 입이 붙어 있다는 걸 확인하고 싶어서였다. 몸이 곪아갈수록, 가끔은 내가 죽었는지 살았는지 헷갈렸다. 살아 있다는 게 고문이었고, 그 사실을 의식할 수 있다는 게 더 잔인했다.

"이거이, 니 오마니꺼 맞디?"

간수 하나가 히죽이며 천 조각 하나를 내 눈앞에 흔들었다. 피가 말라붙은 자국 위로 낡은 꽃무늬 자수가 희미하게 남아 있는 손수건이었다. 나는 이를 악물었다. 손수건은 어머니가 기도할 때마다 입을 눌러 막던 것이었다.

"예수니 천국이니, 계속 이거이 들고 씨불대더니 결국 피만 씨뿌렸디."

그는 내 머리칼을 움켜쥐고 얼굴을 들이밀었다. 그리고 피 묻은 어머니의 손수건을 내 입에다 쑤셔 넣었다.

"기도는 이렇게 하는 거 아니니?"

나는 입을 막은 손수건 때문에 숨을 제대로 쉴 수 없었다. 목구멍이 막히고, 눈앞이 아찔했다. 침이 역류하고, 피비린내가 코를 타고 뇌 속까지 스며들었다. 간수는 한참을 날 내려다보더니, 입꼬리를 비틀어 올렸다. 철창 밖으로 까마귀가 울었다. 깍, 한 마리가 철조망 위에 내려앉아 나를 노려보았다. 어디선가 또 한 마리가 날아들었다.

“천국 간다매? 니 오마니 지금 날개 달고 날아다니냐? 저 까마귀처럼? 하늘을 널러다니냐 이 말이다.”

나는 어머니와 아버지를 떠올리며, 그날 밤 아무것도 하지 못한 채 기둥만 붙잡고 서 있던 나 자신을 원망했다. 그러다 금방 무언가 속에서 치솟았다. 왜 끝까지 하나님을 붙드셨냐고, 왜 나만 남겨두셨냐고, 지금쯤 어쩌면… 우리, 다 같이 살 수 있었을 텐데. 까마귀는 계속 울어댔다. 까악, 까악– 기괴한 울음소리는 마치 내 안의 비명 같았다. 그들은 다시 내 어깨에 쇠막대기를 내리꽂았다.

“안 죽는다, 걱정 마라. 그런 기도빨로는 니 주님이 아직 데려가지 않지.”

정신을 차렸을 때는, 기도인지, 절규인지 모를 외침이 벽을 타고 들렸다.

“주여, 주여!”

누군가 주를 부를 때마다, 어둠을 뚫고 쇠막대에 살점이 터지는 소리가 귓가에 박혔다. 하지만 기도는 끝나지 않았다. 오히려 더 처절하게, 더 낮게, 더 뜨겁게 이어졌다. 그때마다 간수들은 더 거칠게 달려들었고, 고문은 더욱 길고 악랄해졌다. 발목에 쇠줄을 채우고, 거꾸로 매단 채 물에 빠뜨리고, 숨이 끊어질 즈음 다시 끌어올리는 소리가 수없이 반복됐다.

“이 종간나새끼! 주님 못 찾게 하려면 이가 먼저 빠져야디.”

나는 신을 부르는 대가가 얼마나 참혹한지 알고 있었다. 그래서 누군가 주의 이름을 부르짖을 때마다 심장이 쪼그라들었다. 이미 등을 돌린 하나님, 아무것도 하지 않는 하나님을 향해 울부짖는 누군가에게 나는 연민과 분노를 느꼈다. 그것이 믿음인지, 광기인지, 아니면 절망의 끝자락에서 지푸라기를 붙잡는 몸부림인지는 중요하지 않았다. 내가 듣기에는 기도라기보다 통곡에 가까웠고, 믿음이라기보다 절망에 더 가까웠다.

며칠 뒤, 나는 작업을 마치고 백발의 노인과 마주쳤다. 흙바닥 위에서 무릎을 꿇은 노인의 입술은 끊임없이 떨렸다. 나는 단번에 알아차렸다. 매일 하나님을 찾던 목소리가 굽은 등과 떨리는 손의 노인이었음을. 그의 입술은 쉬지 않고 주기도문과 요한복음, 그리고 '예수'라는 이름을 불렀다. 바람에 흔들리는 나뭇잎처럼 떨리는 목소리로 삶을 붙잡고 있었다.

"대체 뭘 그리 기도하시는 겁네까? 죽음이 두렵지도 않습네까?"

나는 노인에게 다가가 숨죽이며 물었다. 침묵은 길었다. 그의 시선은 어디에도, 아무것에도 닿지 않았다. 도무지 무슨 생각을 하는지조차 알 수 없었다.

"죽으려고 믿는 거 아니야. 살기 위해선… 그분의 말씀을 기억해야 해. 우리가 누구였는지, 어디로 가야 하는지. 그걸 잊으면 우린 살아도 죽은 기야. 사망에서 우리를 생명으로 이끄시는 이는 오로지 주님 한 분 뿐이야."

나는 죽음의 문턱에서도 무릎을 꿇고 기도하며, 두려움보다 기억을 붙잡는 노인을 도무지 이해할 수 없었다. 그는 주위를 두리번거리더니 다시 속삭이듯 말했다.

"말씀이 사라지면… 나도 사라지는 기야."

노인의 얼굴은 벌써 세상에 발 하나를 떼고 있는 사람처럼 담담했다. 나는 그가 두려워하는 것이 죽음이 아니라, 말씀이 사라지는 일이라는 걸 알았다. 그러나 죽음을 두려워하지 않는 믿음이 나는 오히려 더 두려웠다.

"1382 말해보라! 너 아직도 숨기는 게 있지?"

쇠같이 굵은 목소리가 벽을 때리며 울렸다. 나는 발끝이 겨우 땅에 닿도록 또 손발이 묶인 채 쇠줄에 매달렸다. 어깨가 빠질 듯 온몸이 길게 늘어졌다. 졸음이 몰려와 머리가 푹 꺼질 때마다, 쇠몽둥이가 날아들었다. 눈앞이 번쩍이며 정신이 끊겼다가 다시 억지로 붙잡혔다.

"말해보라! 저 늙은 예수쟁이가 너한테 뭐라 씨불댔는지 불라. 기카면 오늘 밤은 누워 잠도 자고, 밥도 준다니까."

간수는 마치 자비를 베푸는 척, 낮고 부드러운 목소리로 친절하게 속삭였다. 순간, 나는 입술을 달싹였지만, 아무 말도 나오지 않았다. 간수의 눈빛이 차갑게 식더니, 곧 몽둥이가 허벅지를 후려쳤다. 살이 찢기며 불에 데인 듯한 통증이 뼈까지 파고들었다. 한참 뒤 간수는 휘두르던 몽둥이를 무심하게 내려놓았다. 내일 또 보자는 간수의 입가에 잔인한 미소가 번졌다.

쇠줄이 풀리자, 나는 바닥으로 힘없이 떨어졌다. 몸이 내 것이 아닌 듯 아무런 감각도 느껴지지 않았다. 허벅지에서부터 흘러내린 핏물이 살갗을 감쌌다. 고문실 안은 기묘할 만큼 고요했다.

"윤기림… 그거이 너 이름이지?"

나는 마른 장작처럼 굳어버렸다. 수용소에 들어와 누구에게도 이름을 말한 적 없었기에 머리가 온통 하얘졌다. 겨우 고개를 돌리자, 삼촌뻘쯤 되어 보이는 사람이 철창 사이로 얼굴을 내밀었다. 뺨은 퉁퉁 부어 있었고, 눈빛은 이미 산 자의 것이 아니었다.

"너희 부모… 두 분 다 끝까지 믿음 지키셨소. 마지막까지… 그분들은 기도하고 있었소."

숨이 멎을 것 같았다. 숨을 고르려 할 때마다 뼈 사이가 쑤셨다. 가슴 속 어디선가 오래된 무언가가 부서지듯, 쿵– 하고 울렸다. 나는 멍하니 앉아 있었지만, 말로 설명할 수 없는 뜨거운 것이 배꼽에서부터 차올랐다. 지금껏 몇 년 동안, 아무도, 정말 아무도, 부모의 소식을 들려준 이가 없었다. 어느 날은 차라리 고통 없이 죽었기를 바랐고, 어느 날은 지금쯤 어딘가 살아 있을 거라고 억지로 믿기도 했다. 지옥 같은 곳에서 살아남기 위해 믿음을 미워했고, 그들을 부정했다. 침묵한 신을 향한 믿음이 우리 가족을 무너뜨렸다고 가슴에 새겼다.

"하나님은 단 한 번도… 당신을 떠난 적도, 잊은 적도 없소."

그의 말투는 힘없이 부서지는 낮은 목소리와 달리 단호했다. 나는 고개를 들 수 없었다. 혹시 눈이 마주치기라도 하면, 그분을 다시 붙잡고 싶을까 봐 두려웠다.

“우린 각자 한 그루씩, 믿음을 붙들고 버티는 나무요. 때론 꺾이고 잘려 나가도, 뿌리를 내린 자리는 쉽게 사라지지 않소. 살아남은 나무들이 모이면… 그게 바로 숲이 되는 거요. 하나님 말씀을 가슴에 품은 입술들이 모여, 이 지옥 같은 땅에서도 기도의 숲을 일구는 거요.”

그는 잠시 말을 멈추었다. 바람이 지나가듯, 말과 말 사이의 침묵이 내 안에 먼지를 일으켰다. 참았던 눈물이 왈칵 쏟아져 내렸다. 입술을 틀어막았지만, 눈물은 멈추지 않았다. 매일 밤 들리던 기도와 어둠 속에서 퍼지던 낮은 중얼거림은 노인 혼자만의 소리가 아니었다. 누군가를 기억하려는, 잊히지 않으려는 숲을 이룬 나무들의 속삭임이었다.

“믿음은 말이 아니라… 끝까지 붙드는 거요. 비바람이 불어도, 아무리 어두워도. 그게 진짜 믿음이오. 그 믿음의 씨앗이 결국 숲을 이루는 기지.”

그의 마지막 말이 천천히 가슴 깊이 스며들었다. 나는 뭔가를 말하고 싶었지만, 입이 떨어지지 않았다. 끊임없이 두 볼을 타고 뜨거운 것이 흘러내렸다.

가을이 왔다는 건, 수용소 창틀을 비집고 들어오는 바람으로 알았다. 썩은 감자 껍질을 나르던 날, 감시병의 고함이 수용소에 울려 퍼졌다.

“반동적 기독교 사상 유포! 기억된 복음으로 선동!”

누군가의 비명이 시멘트벽을 타고 들려왔다. 목이 찢어지고, 폐가 뒤집히는 소리는 동물도 흉내 낼 수 없는 소리였다. 그날 오후, 며칠간 사라졌던 노인은 터진 머리를 붕대도 감지 않고 방치한 채 나타났다. 터져 나온 두 개 골 사이로 피고름이 흘러내린 몸은 말할 수 없이 참혹했다. 그러나 노인은 신음 한 마디 없이, 그저 입술을 달싹이며 무언가를 중얼거렸다. 나는 그의 입가에 얼굴을 가까이 대었다.

"시초에 그 말씀이 계셨다. … 그 말씀은 하나님을 향하여 계셨고 그 말씀은 하나님이셨다…."

노인은 정신이 혼미해지는 와중에도, 바짝 마른 입안에서 소리가 새어 나오지 못할 때까지 말씀을 내뱉었다. 한 마디, 한 마디가 끊어진 숨을 붙잡듯 간절했다. 그는 마지막 숨결까지 기도로 말씀을 붙들었다. 밤새 체온이 식어버린 노인의 얼굴은 처참했지만, 누군가와 오래된 약속을 지킨 사람처럼 표정은 평온해 보였다. 나는 아무런 고통도, 미련도 남아 있지 않은 그의 얼굴을 오래 바라보았다.

'끝까지 하나님을 믿는다는 건, 어떤 걸까…. 하나님이 노인의 마지막 순간에는 함께 계셨던 걸까….'

미움과 절망으로만 얼룩져 있던 심장이 다시 찌르르 떨렸다.

그날 밤, 나는 꿈속에서 어린 시절로 돌아갔다. 겨울밤이었다. 나는 방안에서 어머니의 무릎을 베고 누워 있었다. 어머니는 내 머리칼을 손으로 쓸어 넘겼다. 벽에는 창호지 문틈새로 들어온 바람에 등잔불이 일렁였다.

"오마니, 그분은 지금 여기에도 있슴네까?"

"당연하디~ 우리가 잊지 않으면, 그분은 절대 우리를 버리지 않아."

어머니의 목소리는 참 따뜻했다. 화로 옆에서 고구마를 굽던 아버지가 말없이 나를 바라보더니 천천히 말했다.

"기억할 '기(記)', 숲 '림(林)'… 고게 네 이름이디? 세상이 다 잊어도, 너만은 꼭 기억하라. 말씀은 책에만 있는 게 아니야. 말씀은 네 안에서 숲처럼 자라야 하는기야. 기래야 꺾여도 또 다시 자라날 수 있소."

숲처럼 자란다는 건 어떤 걸까. 지옥 같은 어둠 속에서 나는 아직 아버지가 말한 말씀의 숲이 되지 못했다. 그러나 입을 떼어 한마디씩 중얼거린다. 아직 끝나지 않았다. 지금의 어둠도 언젠가 다 지나가리. 어둠 속에서도 숲은 여전히 짙고 푸르다.

황해(북)도

황해도는 한국기독교의 요람이라고 할 수 있다. 선교사들이 입국하기 이전에 이미 한국인들의 힘으로 한국 개신교의 첫 교회인 소래교회가 황해도 장연군 대구면 송천리(현 위치는 황해남도 용연군 구미리)에 세워졌기 때문이다.

한국개신교의 수용과정은 그 시기와 지역을 고려할 때 4가지(중국, 만주, 일본, 미국)로 구분할 수 있다. 황해도와 개신교의 첫 만남은 1832년 귀츨라프의 황해도 해안 지방 선교로 거슬러 올라간다. 귀츨라프의 선교는 비록 실질적인 결실을 맺지는 못했지만, 한국 최초의 개신교 선교라는 역사적 의의를 지닌다. 이 밖에도 1865년과 1886년 두 차례에 걸친 토마스 목사의 선교 활동도 황해도와 평안도의 해안 지방이 주요한 통로가 되었다. 한편 1882년 이후 서간도, 평안도, 황해도 지방을 중심으로 성경 배달(반포) 활동이 있었으며, 이러한 활동은 서간도, 의주, 소래 등지의 자생교회 형성에 뒷받침이 되었다. 소래 공동체는 초기 한국교회사에서의 복음 확산에 크게 공헌하였다.[1]

황해도 및 북한지역의 광복 전 기독교 인구를 살펴보면 다음과 같다. 해방 전인 1941년도 남북한을 합친 개신교 인구는 33만 9천 명이었다. 이 가운데 90.5%가 장로교(75.6%)와 감리교(14.8%) 소속이다. 북한지역에서는 두 교파 신자들의 비율이 남한지역보다 더욱 높았다. 당시 북한 개신교 신자는 모두 22만 8천 명으로 이 가운데 장로교(83.8%)와 감리교(10.2%)의 신자가 북한 개신교 인구의 94%를 차지했다. 특히 북한 개신교 신자의 89.2%가 서북지역(평안도, 황해도)에 거주하고 있었다. 서북지역의 경우, 장로교(84.7%)와 감리교(10.9%)에 속한 개신교인의 비율이 무려 95.6%나 되었다.[2]

해방 당시 남북한 전체 개신교 신자의 60%에 해당하는 약 20만 명(같은 시기 북한 인구의 2.2%)이 북한에 거주하고 있었고 그 후 한국전쟁이 발발하기까지 5년 사이에 교세가 급속히 증가했으며, 북한 개신교 인구의 35-40% 에 해당하는 7-10만 명이 남한으로 이동한 것으로 추산된다.[3] 황해남북도의 순교자는 916명이다.[4]

1 신광철, 「황해도 지역 교회의 역사」, 《한국 기독교 역사 연구소 소식》, 1994.1.8, p.14-17.

2 강인철, 「월남 개신교, 천주교의 뿌리: 해방 후 북한에서의 혁명과 기독교」, 《역사비평》 1992, p.91-141

3 강인철, 「남한의 월남 개신교인들: 반공주의와 민주주의에 미친 차별적 영향」, 《종교문화비평》, 2008, p.131-158.

4 「북한순교자지도」, 《모퉁이돌선교회》

검은 배

이수현

"숨 들이쉬시라요."

그는 메마른 음성으로 말하며 조정 레버를 당겼다. 기계는 한 박자 늦게 반응하며 경련하듯 진동했고, 남자의 앙상한 등뼈가 희미한 화면 위로 그려졌다. 살가죽이 뼈에 달라붙을 정도로 마른 남자는 얇은 철판의 냉기가 온몸까지 뻗쳤는지 몸을 부르르 떨었다. 림은 날카로운 눈으로 검은 화면을 훑었다. 영상 속 등뼈는 안개 속에 파묻힌 나뭇가지처럼, 옅은 흰 선으로 비쳤다. 허파 가장자리에 구름처럼 엉겨 붙은 음영을 보고 림은 미간을 찌푸렸다. 암실이라 부르기도 민망한 작은 공간, 검은 커튼 대신 군용 담요를 벽에 걸어 빛을 막은 곳이었다. 림은 하루에도 몇 번씩 그 방에 들어가, 방사선 앞에 그대로 노출된 채 영상 판독을 반복했다. 이미 몸 안 어딘가에서 무언가가 고장 나고 있을는지 몰랐다.

그는 장갑 낀 손으로 남자의 옆구리를 툭툭 두드렸다. 반사음이 비정상적으로 둔탁하게 울리는 지점에 림은 집중했다. 숨을 한 번 쉬어 보시오. 이윽고 폐포 속에서 피리처럼 얇은 잡음이 흘러나왔다. 이 땅에 공기처럼 퍼져 있는 병. 결핵이었다. 림은 환자를 보고 물었다.

"기침은 언제부터 시작됐소?"

"두어 달 됐습니다."

"가래는?"

"피가 좀 섞여 나옵네다. 요새는 숨도 좀 차고요."

"열은 있습니까?"

"저녁마다 땀이 줄줄 납네다. 이불이 축축하게 젖을 정도라요."

흐음. 림은 한숨을 내쉰 뒤, 진단서를 끊어주었다. 약을 먹어도 잠시 상태가 호전될 뿐, 근본적인 원인을 해결할 수 없을 터였다. 이 환자는 분명 합병증으로 다시 병원을 찾아올 터였다. 아니, 병원에 찾아올 수 있을지조차 보장할 수 없었다. 림은 진단서를 책상 한편에 밀어두고, 다시 한번 남자를 훑었다. 옥수수 농장에서 일하는 삼십 대 청년이라고 했다. 나이가 믿어지지 않을 만큼 폭 삭아 자글자글 새겨진 주름과 힘없어 허청거리는 다리까지. 잇몸은 수분이라고는 하나 없이 까칠했고, 입술 가장자리는 건조해 갈라져 있었다. 옥수수와 소금으로 매일 끼니를 때울 테니 당연한 일이었다. 검게 타들어 간 손등 위로 핏줄은 울퉁불퉁하게 솟아 있었고, 꺾인 손톱과 곳곳이 벗겨진 피부가 그의 고된 노동 현장을 연상케 했다. 하루 열두 시간 가까이 일하며 제대로 끼니조차 챙겨 먹지 못하는 이들. 고향 청진에는 이와 같은 이들이 너무도 많다.

"다음 환자."

림은 공허하게 말을 이었다. 남자는 연신 고개를 숙이며 감사를 전하고는 진료실을 빠져나갔다. 날이 갈수록 림은 하루가 무의미하게 흘러간다고 느꼈다. 사람을 살리고, 돕고 싶어 선택한 일이었지만, 세상이 바뀌지 않는 이상 자신이 누군가를 정말로 도울 수는 없다는 사실이 가슴을 짓눌렀다. 림은 마치 카드 맞추기 놀이를 하듯, 증상과 병명을 나열하고 있었다. 목이 붓는 여성에게는 림프절 결핵일 가능성이 농후하다고 말하고, 기침을 반복하는 노인에게는 폐결핵이 의심된다고 말할 뿐. 그가 할 수 있는 건 진단뿐이었다. 치료도, 회복도. 그의 손을 떠난 일이었으니. 근본적인 약도, 장비도 없이 내리는 판단이란 결국 말뿐인 의학에 지나지 않았다. 끼익. 진료실 문이 다시 열리고 열댓 살쯤 되어 보이는 여자아이가 어머니의 손을 꼭 쥔 채 들어왔다. 팔은 벌레 먹은 나뭇가지처럼 가늘었다. 아이는 연신 거친 기침을 했고, 어머니는 그런 아이를 안쓰럽게 바라보았다. 림이 아이에게 조심스레 물었다.

"언제부터 아팠습니까?"

아이는 말이 없었고, 대신 어머니가 다급히 나섰다.

"사흘 전부터입네다. 배가 찢어지게 아프다기에 민들레 삶은 물도 먹여보고, 쑥을 달여서도 먹여봤는데 영 소용이 없습디다."

림이 아이가 토한 적은 있는지 묻자, 어머니는 고개를 끄덕이며 목소리를 낮췄다.

"예, 어젯밤엔 토사물 속에 이상한 게 나왔습니다."

"어떤 것이었소?"

"실처럼 가늘고, 꿈틀거리더이다. 하이고. 놀라서 기절할 뻔했습네다. 우리 애… 괜찮겠지요, 선생님?"

림은 말없이 숨을 들이켰다. 아이는 아랫배를 감싸 쥐고 잔뜩 웅크린 채 숨을 참고 있었다. 통증이 쿡쿡 찔러대는 모양이었다. 그는 아이의 배에 손을 얹고 천천히 눌러보았다. 청진기를 배에 살짝 갖다 댔더니 불규칙한 호흡이 이어졌다.

"요즘에 날것 먹은 적 없었습니까?"

어머니는 망설이다가 이내 눈을 내리깔며 입을 열었다. 어머니는 마치 죄를 지은 사람처럼 묻지도 않은 이야기를 쭈뼛쭈뼛 털어냈다.

"애가 셋인데, 배급이 똑 떨어져… 그중 딸애만 굶기게 됐습네다. 그날따라 애가 하도 배를 싸쥐고 울어대길래… 민물고기 하나 잡은 게 있어서 그냥 먹였습지요. 급히 넘겨주느라 제대로 익히지도 못하고, 그냥 배라도 채워주고 싶어서 그만…."

림은 눈을 질끈 감았다. 기생충 감염이 의심되었다. 자칫하면 복막염으로 번질 위험도 있었다. 하지만 이 병원엔 위내

시경 기계도, 기생충 제거약도, 그 흔한 진통제조차 넉넉하지 않았다. 그저 뜨거운 물과 최소한의 진정제만으로 버티는 수밖에 없었다. 아이의 얼굴은 금세 새파랗게 질려갔다. 림은 어머니를 바라보다 이마를 감싸쥐었다. 차가운 바닥처럼 식어가는 아이의 손발을 어머니는 애처롭게 주물렀다.

아이는 너무 많이 구토한 탓인지, 아니면 고통을 말할 힘조차 남지 않은 것인지 조용히 눈만 깜빡였다. 까만 눈동자가 얼굴 반쯤을 덮은 채, 떨리는 무언의 신호를 보내고 있었다. 기본적인 위생조차 지켜지지 않는 이곳에서, 아이들이 기생충이나 영양실조에 쉽게 노출되는 건 이상한 일이 아니었다. 먹는 것, 입는 것은 생존의 문제였고, 아이는 살기 위해 병균이 득실거리는 물에서 건져낸 민물고기를, 채 익히지도 않은 채 허겁지겁 삼켰을 것이다. 며칠 만에 생살을 입에 넣던 순간, 가까운 미래 같은 건 생각조차 못 했겠지. 그저 배 속을 채울 수 있다는 생각 하나로 입 안 가득 침이 고였을 것이다. 제대로 씹지도 못하고, 단지 배를 채울 수 있다는 생각에 아이는 잠시 기뻤을지도 모른다. 그 찰나의 순간, 허기를 달래준 포만감 속에서 아주 짧게나마 행복했을 수도 있다. 하지만 그 잠깐의 선택, 아니 살기 위한 발악의 결과가 이토록 잔인한 고통으로 되돌아오는 것이라면. 신이 너무 무심하지 않은가. 림은 볼펜을 내려놓았다.

몸 안팎으로 파고드는 고통에 소녀는 속으로, 밖으로 울부짖고 있을 것이었다. 림은 창밖으로 눈을 돌렸다. 병동 바깥,

희끄무레한 풍경 속을 힘없이 걸어가는 사람들, 그 발걸음 하나하나가 너무 느리고, 어둡고, 무거웠다. 이윽고 뿌연 안개 속으로 사람들은 사라졌다. 저들은 무엇을 향해 걷고 있을까. 림은 자신에게도 답할 수 없었다. 림은 끓은 소금물을 조금씩 먹이며 지켜보라는 이야기를 해줄 뿐이었다. 입술이 푸르게 말라가는 소녀와 어머니는 절망적인 표정을 지었다.

잠시만요. 이것 좀 가져가시라요. 어두운 표정으로 차트를 바라보던 림과 모녀에게 먼저 말을 건 사람은 박 간호사였다. 그녀는 주변을 살피더니 작은 천 보자기에서 조심스레 뭔가를 꺼냈다. 그릇엔 작고 단단한 배가 몇 조각 잘려있었다. 아이는 실낱같은 기대를 건 채 배를 아삭거리며 베어 물었고, 어머니에게 거의 안기다시피 진료실을 천천히 빠져 나갔다. 이게 뭐냐 묻자, 박 간호사는 림을 데리고 잠깐 작은 방으로 자리를 옮겼다. 이내 낮은 목소리로 말했다.

"중국서 넘어온 배입네다. 장마당에 가끔씩 나오는 건데, 동생이 어렵게 구해왔습네다."

배라는 과일이 진해, 거담, 해열에 좋다는 정도는 림도 들어 알고 있었다. 그나저나 구하기 쉽지 않았을 텐데. 림이 박 간호사를 슬쩍 바라보았다. 남은 배 조각을 아삭 깨물었더니 입 안에서 단물이 돌고 침이 스르르 고였다. 달착지근하면서 부드러웠다. 입 안의 미각세포 하나하나가 다시 깨어나는 듯 혀끝이 알알했다.

"맛있지요? 요새는 중국 병원에서도 환자들한테 이걸 영양 보충용으로 준다더이다."

중국에서는 염증이 있거나 몸이 회복될 때 배를 잘게 썰어 환자에게 먹이기도 하고 즙을 짜서 마시기도 한다는 박 간호사의 말에 림은 씁쓸히 웃었다. 그곳에선 위생 약이 그저 손 뻗으면 닿을 곳에 있다고도 했다. 병원에 전기가 끊기는 일도 거의 없다고 했다. 림은 문득 자신이 앉아 있는 이 좁디좁은 방이 세계의 아주 작은 일부에 불과할지 모른다는 생각이 들었다. 어릴 때부터 우리는 완벽한 무릉도원에서 살고 있다고 배워왔지만, 림이 발 딛고 있는 현실은 조금도 완벽하지 않았다. 혀끝에 남은 단맛과 손가락에 묻은 배즙처럼, 세뇌나 지식이 아닌 명백하고 물리적인 무언가가 이 세상 바깥에 존재하고 있었다.

몇 해 전, 중국 학회에서 나누었던 대화가 또렷이 떠올랐다. 림은 청진의학대학 소속으로 국제 보건 협력 학술회의에 파견된 적이 있었다. 코로나가 한창 기승을 부리던 시기였고, 방역과 백신 공급 문제는 세계 어디서도 외면할 수 없는 과제였다. 회의에는 중국은 물론 독일과 미국에서 활동하는 의사들이 참석했는데, 그중에는 남조선에서 태어나 미국 국적을 가진 의사도 있었다.

학술회의 둘째 날, 오후 휴식 시간이 막 시작되던 참이었다. 림은 커피잔을 손에 쥔 채 회의장 한쪽 구석에 서 있던 그 의사에게 조심스레 다가갔다.

"선생님, 실례가 안 된다면… 남조선에서는 결핵 치료에 어떤 약들을 쓰는지 여쭤봐도 되겠습니까?"

남조선 의사는 반갑다는 듯 고개를 끄덕이며 잔을 내려놓았다.

"물론이죠. 아. 사실 요즘은 남한에서 결핵 자체가 흔치 않아서요. 생기는 경우도 대부분 초기에 잡습니다. 1차 약제만으로도 잘 낫고, 드물게 다제내성 결핵이 생기더라도 2차 약제까지 거의 다 보장됩니다."

그는 말을 멈추고, 잠시 생각에 잠긴 듯했다. 이내 부드럽게 덧붙였다.

"요즘은 AI 기반으로 복약 알람 앱도 있어요. 복용 시간, 혈중 약물 농도 같은 것도 자동으로 알려줘서, 잘 복용하면 사실상 완치율이 아주 높습니다."

림은 멍한 표정으로 커피잔을 바라보았다. 그의 머릿속엔, 복약 기록지를 줄 단위로 쪼개며 종이에 펜으로 표시하고, 약이 끊긴 날엔 멀거니 앉아 눈만 깜빡이던 환자들이 떠올랐다.

"그럼… 혹시 거기선 결핵으로 폐가 망가져 죽는 경우는…."

림이 조심스레 되묻자, 남조선 의사는 약간 놀란 듯 고개를 저었다. 아직도 결핵 때문에 죽는 환자가 있느냐는 듯한 표정이었다.

"거의 없습니다. 사실… 잘 먹고, 잘 쉬면 애초에 결핵에 걸릴 확률 자체가 낮습니다. 영양이 뒷받침되니까요."

잘 먹고, 잘 쉬면. 림은 그 말을 속으로 되뇌었다. 그게 모든 병의 예방책이라니. 이곳에선 하루 한 끼도 간신히 때우는 사람들이 허다했고, 쉰다는 건 병들어 고꾸라질 때나 가능한 일이었다. 남조선 의사는 아무렇지 않게 말을 이었다.

"요즘은 결핵보다 오히려 간암이나 폐암 같은, 한때 불치병이라 여겨졌던 질병에 관한 치료 연구가 활발합니다. AI 기술을 이용해서 암세포의 위치와 주변 장기를 정밀하게 구분하고, 방사선이 정상 조직을 건드리지 않고 암 조직에만 도달하도록 도와주는 시스템 같은 것들 말이죠."

체제와 국적을 넘어 만난 그 순간, 림은 아주 짧게나마 진짜 세상의 일부를 엿볼 수 있었다. 순간, 근처에 배치된 경비 인력이 다가와 대화가 중단되었고 림은 자리에 앉아서 아무 말도 할 수 없었다. 결핵으로 죽어가는 환자들을 매일 보며, 마스크 한 장조차 아껴 써야 하는 병동에 서 있는 자신과 암세포에만 정확히 도달하는 남조선의 AI 기술 사이엔 도무지 이어 붙일 수 없는 단절이 있었다. 그것은 단지 과학이나 의료 수준의 격차가 아니라, 사람의 삶에 대한 태도, 인간의 존엄을 어디까지 지켜줄 수 있느냐의 문제처럼 느껴졌다.

남조선 의사는 학회장을 떠나기 전, 그에게 다가와 음료수 캔 하나를 건넸다. 그리고 귓가에 속삭였다.

"혹시라도… 제가 도울 일이 있다면 언제든 연락 주세요."

캔 뒤에는 조그맣게 접힌 명함이 테이프로 붙어 있었다. 림은 아무 말 없이 그것을 떼어내 양복 안주머니에 조심스레 넣었다. 그와의 대화 이후 허탈한 마음을 감출 수 없었다. 일부러 잊고 지냈던 나날이었다. 의기소침한 걸음으로 집에 도착하니 부모님 두 분이 마주 앉아 있었다. 여든을 바라보는 나이에도 두 분은 한 치 흐트러짐 없이 곧은 자세를 유지하고 계셨다. 아버지는 도당 책임비서로 오랜 세월을 살아온 분답게, 소파에 꼿꼿이 앉아 '로동신문'을 넘기고 있었고, 어머니는 앞치마를 매단 채 손에 마른행주를 쥐고 계셨다. 소박하지만, 정갈하게 정돈된 집안, 온기를 머금은 이 작은 공간이 문득 다행으로 느껴졌다.

"왔니?"

림을 마주하자 어머니는 반색했다. 오늘은 감자떡 좀 해봤다며, 병원에서 환자를 보느라 피곤할 텐데 먹고 기운 내라는 어머니의 나긋나긋한 말씀에 금방이라도 눈물이 터질 것 같았다. 식탁 위엔 배춧잎에다 명태살을 발라 만든 선죽, 짠지 몇 점이 담겨 있었고 손수 빚은 강냉이 국수에서는 김이 모락모락 났다. 소박하지만 정이 담긴 상차림. 조선민주여성동맹 간부로 일평생 활동했던 이력이 무색하지 않게, 어머니는 집안일로 한 치의 흐트러짐 없이 해내는 분이었다.

그 모습을 조용히 바라보다가 다시금 마음이 무거워졌다. 어릴 적부터 림은 배를 곯은 적도, 헐벗은 적도 없었다. 부모님의 직책 덕에 출신이 좋은 아이로 자라왔고, 청진의학대학에 입학해 의술을 배울 수 있었다. 본래는 수술을 집도하는 외과를 지망했지만, 특수과 인력이 부족하다는 사유로 결핵과에 강제로 배치되었고, 그날부터 하루에도 수십 번씩 방사선을 맞으며 환자들을 진료해야 했다. 그래도 인간다운 대우조차 받지 못한 채 살아가는 이들을 마주할 때면, 자신은 늘 처지를 감사하며, 겸손하게 살아야 한다고 다짐하곤 했다.

림은 다시금 자신의 이름을 떠올렸다. 수(洙). 림(林). 맑고 깊은 물이 흐르는 숲처럼, 사람 곁에서 스며들 듯 살아가라는 의미로 부모가 지어준 이름이었다. 하나뿐인 자식이 의사가 될 줄은 몰랐을 텐데, 어쩌면 그 이름 하나에 이미 삶의 길이 새겨져 있었는지도 몰랐다. 하지만 그가 일터에서 가장 자주 마주하는 것은, 생명을 지키는 숭고한 순간보다는 오히려 인간이 점점 인간다움을 잃어가는 장면들이었다. 약이 없어 눈빛이 흐릿해진 노인, 영양실조로 앙상하게 뼈만 남은 아이, 의료품이 부족해 주사기를 재사용하다 감염병에 걸린 주민들. 치료보다 체념이 먼저 배어든 사람들. 가끔 동네에선 굶주림 끝에 숨진 사람의 시신에 구더기가 생길 때까지 기다리는 이들이 있다는 이야기도 들려왔다. 끔찍한 일이었지만, 그것마저도 단백질을 보충할 수 있는 마지막 수단이라 했다. 믿기 어려운 현실. 그 아린 풍경은 오히려 더 깊숙이 마음을 저며왔다. 그는 어느샌가 이름에서 '수'를 빼고, 그냥 '림'이라 자신을 소개하곤 했다. 어쩐지, '맑은 물' 같은 것은 더 이상 자신 안에 없다는 생각이 들어서였다.

림이 말이 없는 걸 확인한 부모님은 슬쩍 그를 곁눈질했다. 그의 속마음을 읽기라도 한 듯, 아버지가 신문을 접어 테이블 위에 내려놓으며 조용히 입을 열었다.

"그래도, 너 같은 사람이 있으니, 몸 아픈 사람들이 마음 붙이고 사는 거 아니겠나."

림은 잠시 머뭇거리다, 낮은 목소리로 말했다.

"아바이… 중국에선 약도 식량도 모자라서 사람이 죽는 일은 없답네다. 몇 해 전 학회에서 만났던 남조선 의사는, 거긴 영양만 잘 챙기면 결핵은 흔한 병도 아니라 하더이다."

그 말을 들은 어머니가 숟가락을 내려놓는 손에 힘이 들어갔다. '탁'하고 식탁 위에 부딪히는 소리와 함께, 두 분의 표정이 굳어졌다. 림은 한마디 말을 더 보탤 수 없었다. 조심스럽게 퍼 올린 진심이었지만, 그 무게는 이 조용한 저녁을 금세 가라앉히고 말았다.

"혹여나 하는 이야기지만, 다른 생각은 꿈에도 하지 말라."

그저 네가 좋은 배필을 만나 이곳에서 잘 사는 것만이 우리의 남은 꿈이라고 말하는 부모님을 보고 림은 꾹 입을 닫았다. 림은 스스로도 자신의 마음을 제대로 알 수 없었다. 체제에 철저히 순응해 살아오신 부모님 덕분에 보통의 삶 이상을 유지하며 살아올 수 있었다. 그러나 상등보건일군으로서 느끼는 상대적 박탈감과 답답함. 무력함이 그의 영혼마저 억누르고 있었다. 가족과 식탁에 빙 둘러앉아 먹는 한 끼의 행복에 안주한다면, 이것이 행복이라고 말한다면 나는 이것에 만족하며 살아야 하는가. 내가 할 수 있는 의료인의 책임을 외면하며 살아야 하는가. 한 숟갈의 밥이 입 안에 깔깔하게 걸렸다. 하지만 그 행복마저도 그리 오래 가지 않았다.

언젠가부터 아버지는 유난히 피곤해 보였다. 식사 도중 젓가락을 자주 내려놓았고, 몇 번이나 옆구리를 쓸어내렸다.

"어데 아픈 데라도 있습네까?"

림이 조심스레 물었지만, 아버지는 괜찮다며 고개를 저었다.

"나이가 드니 그런 게지 뭐. 요새는 밤만 되면 으슬으슬해서 자꾸 춥구먼."

하지만 며칠 뒤, 아버지는 회의 중 복통을 호소하며 자리에 주저앉았다. 림이 있는 병원으로 바로 이송되었지만, 할 수 있는 검사라곤 단순한 혈액 검사와 초음파뿐이었다. 협진을 요청한 동료 내과 의사는 고개를 저었다. 혈청 수치가 비정상적으로 높았고, 간 기능 수치도 기준치를 훨씬 넘었다. 간암 중기일 가능성이 있음. 소견서를 보며 림의 심장이 쿵 내려앉았다. 림은 가능한 치료법을 모두 떠올려 보았다. 청진병원에서는 간암 수술을 집도할 외과 전문의도, 절제를 위한 기본 장비도 없었다. 항암제를 구하려면 보건성의 허가를 받아야 했고, 그마저도 몇 달씩 기다려야 했다.

"약간 쑤신다니까. 별일 아녀."

아버지는 애써 아무렇지 않은 듯 말했다. 림을 안심시키려는 마음이었겠지만, 그 말이 오히려 더 아프게 다가왔다. 어머니는 발만 동동 구르며 어쩔 줄 몰라 했고, 림은 그 모습을 지켜보는 것이 더 힘들었다. 의사라는 이름을 달고 있으면서도, 정작 가장 가까운 사람 하나 제대로 도와줄 수 없다는 사실이 당혹스러웠다. 문득, 잠시나마 가족들과 함께 누렸던 조용한 저녁 식사, 따뜻한 밥상 앞에서 안도했던 시간이 떠올랐다. 림은 외면하고 있었는지 모른다. 당장 자신의 안온한 삶을 위협하는 공포가 아니라 생각했기에. 이게 혹시 신이 내린 형벌이 아닐까. 아버지의 투병이 이어지는 동안, 하루하루가 몇 날 몇 해처럼 길게 느껴졌다. 말라가는 아버지의 모습을 마주할 때마다, 죄책감이 목덜미를 짓눌렀다. 국가에서 정해준 결핵과를 끝내 거절하고, 본래 자기가 원하던 외과를 택했더라면 무슨 변화라도 있었을까? 아니, 그때 그 남조선 의사를 만났던 그 나라에서 살고 있었다면, 아버지의 병을, 치료할 수 있었을까?

"고생스러우시겠지만, 지금 저랑 함께 가셔야 합니다."

중국이든 남조선이든 당장 떠나야 한다는 림의 말에도 아버지는 완강했다. 이곳에선 치료할 희망도, 기적도 없다는 림의 말에도 아버지는 굳건히 고개를 흔들었다. 곧 죽어도 이 땅에서 죽는다. 그 선택의 뿌리는 알 수 없었다. 미지의 세계에 대한 두려움 때문일까, 아니면 이 땅이 여전히 완전하다고 믿는 헛된 신념 때문일까. 평생 몸과 마음을 다해 일궈온 삶의 터전을 하루아침에 놓을 수 없다는 것을 이해해보려 했지만, 탈북을 거세게 반대하는 아버지를 보며 가슴 깊숙한 곳엔 답답함이 끝내 가라앉지 않았다.

얼굴과 팔다리는 앙상하게 말라가는데, 배는 물풍선처럼 부풀어 올랐다. 청진 역시 북한 내 주요 도시 중 하나였지만, 의료 시설은 여전히 낙후돼 있었다. 결국 평양 병원에서 겨우 구한 오래된 초음파 기계로 아버지의 간을 들여다볼 수 있었다. 간의 가장자리에서 검은 덩어리들이 둔탁하게 자리 잡고 있었다. 스산하고 음울한, 검은 배 같았다.

아버지의 누런 눈동자는 점점 초점을 잃어갔다. 예전의 건장하고 다부졌던 모습은 어디에도 남아 있지 않았다. 그런데도 집 안에는 장군님의 이름으로 온 꽃바구니와 당 간부들의 격려 선물들이 가득했다. 붉은 리본이 감긴 바구니 위에는 '수령께 충성한 일꾼, 끝까지 이겨내시길'이라는 문구가 적혀 있었다. 림은 그 아이러니한 광경을 보며 깊은 허무감에 휩싸였다. 북한에서는 장군님과 당을 위해 헌신하다 병들거나 목숨을 바치는 일이 영예로운 것으로 여겨졌다. 목숨의 빛이 꺼져가는 순간조차 체제에 충성한 이력은 훈장처럼 여겨졌고, 그런 죽음은 마치 조국에 바친 위대한 삶으로 포장되었다.

아버지 곁에서 병간호밖에 할 수 없던 어머니의 눈빛은 전과 달라져 있었다. 아버지의 죽음 앞에서 속수무책인 지금의 의료 시스템에 적잖이 실망한 듯한 눈빛이었다. 무엇이라도 해보고 싶은 상황 속, 현실은 가혹했다. 새벽녘, 어머니는 림에게 조용히 물었다.

"느 아바이 말이야. 정말 방법이 없갔니? 남조선 병원에 가면, 혹시 살 길이 있지 않겠니."

림은 고개를 저었다. 말기 간암의 시계는 이미 서서히 죽어가고 있었고, 상태를 보아하니 폐와 림프까지 전이된 것 같았다. 이제 아버지의 몸은 인간의 힘으로는 막을 수 없는 상태였다. 삶이 조용히 점멸하는 순간을, 고작 지켜보는 일밖에 달리 방도가 없었다.

아버지의 장례식장엔 각급 간부들과 단체 대표들, 군복을 차려입은 젊은 병사들이 모여들었다. 검은 천 위에 붉은 오각별이 놓인 영정 사진 앞에는 조화가 산처럼 쌓였고, 조선노동당 중앙이 보내온 추도사가 엄숙한 목소리로 낭독되었다. 마이크를 잡은 간부의 목소리는 절절했지만, 림의 귀엔 그 모든 말이 허공을 떠도는 것처럼 느껴졌다.

장례를 마치고, 깊은 상실감에 잠긴 림에게 박 간호사는 조용히 한 권의 책을 건넸다.

"중국서 들여온 성경책입네다. 읽다 보면… 소란하던 마음이 좀 가라앉습네다."

림은 고개를 끄덕이며 책을 받아들었다. 병원 진료실 구석, 형광등 불빛 아래서 그는 밤새 성경을 펼쳐 읽었다.

'애통하는 자는 복이 있나니, 그들이 위로를 받을 것이요. 수고하고 무거운 짐 진 자들아 다 내게로 오라….'

'시초에 하나님이 하늘과 땅을 창조하셨다.'

'복 받은 사람들은 지금 슬피 우나 마침내 위로받게 되리라.'

'복 받은 사람들은 그 령이 가난하나 하늘나라가 그들의 것이다.'

구절마다 이상하리만치 마음이 일렁였고, 어딘가 닫혀 있던 마음의 창이 조용히 열리는 듯한 기분이 들었다. 림은 눈물이 마를 틈 없이 성경을 껴안은 채 밤을 보냈다. 다음 날,

붉게 충혈된 눈으로 림은 다시 박 간호사를 찾았다.

"동무. 장마당에 가끔 나온다는 그 배… 그리고 이 성경까지. 혹시, 동생이 중국에 가는 길을 알고 있는 건 아니요?"

박 간호사는 림의 눈빛 속에서 흔들림 없는 결심을 읽었다. 그가 아버지의 죽음을 겪은 이후, 무엇인가가 완전히 달라졌음을 직감했다. 사실 박 간호사에게 중국 상인과 자주 교류하는 동생 따위는 없었다. 그녀가 말한 동생은, 신앙 안에서 서로를 형제라 부르던 지하교회 교인 중 한 명이었다. 박 간호사는 낮에는 대학 병동의 간호사로 일하며 환자들을 돌봤고, 밤이 되면 장마당을 통해 밀반입된 성경을 몰래 돌려 읽으며, 같은 신자들과 접촉하는 위험한 사역을 이어가고 있었다.

간혹 중국 상인이나 무역 관련 브로커와 연결되는 역할도 그녀가 맡았다. 당과 보위부의 감시를 피해, 외부와의 끈을 유지하고 정보와 물자를 전달하는 그 일은 목숨을 건 사명이었다. 그녀가 림에게 소개한 사람은, 바로 그런 사역 안에서 움직이던 한 교인이었다. 위장 상점에서 잡화상을 꾸리며, 중국과의 경계를 오가는 일을 오래 해오던 인물. 박 간호사는 림에게 그를 소개하며 많은 말을 하지 않았다. 그가 누구인지, 어떻게 살아왔는지 말하지 않아도 림은 고개를 끄덕였다. 어쩌면, 처음으로 서로의 삶이 겹쳐지는 순간이었다.

누구보다 많은 생명을 살려야 하는 의료인과, 누군가의 영혼을 살리고자 했던 믿음의 사람들. 그들의 결심은, 그날 밤 조용히 하나의 길 위에서 만났다. 그가 떠나는 날, 박 간호사는 병원 뒤편 작은 골목에서 림을 배웅했다. 달빛이 희미하게 내리던 그 밤, 그녀의 목소리는 낮았지만 단단하고 깊었다.

"선생님… 꼭 살아야 합네다. 반드시 살아남아서… 다른 하늘 아래서라도, 부디 행복하이소. 꼭 건강하이소. 아프지 말라 이 말입네다."

그 말은 기도가 되어 림의 가슴에 박혔다. 삶을 건 탈출, 그리고 삶을 향한 희망. 그 모든 마음이 어두운 침묵 속에서 소리 없이 웅크리고 있었다. 밤은 유난히 고요했고, 별빛조차 숨을 죽인 듯 어둠은 깊었다. 림은 두꺼운 외투를 껴입은 어머니의 손을 꼭 붙잡고, 조심스럽게 발을 내디뎠다. 눈은 이미 녹았으나, 봄은 아직 오지 않았다. 산골짜기의 공기는 뼈를 파고들 만큼 싸늘했다. 발밑에서 마른 낙엽이 바스락거릴 때마다 두 사람은 숨을 죽였다. 개 짖는 소리나 발소리 하나에도 생사가 갈릴 수 있는 길목이었다.

"느 아바이 묘를 여기다 두고 내가 어떻게…."

처음에는 망설이던 어머니도, 림의 끈질긴 설득에 마음이 흔들리는 듯 보였다. 그러다 마침내 병상 위 아버지의 마지막 눈빛이 생각난 듯, 말없이 짐을 꾸렸다. 림은 그 선택이 고맙고도 아팠다. 산과 들을 넘고, 작은 마을의 뒷길을 돌아, 드디어 그들은 마지막 고비라 불리는 강가에 도착했다. 압록강. 얼음은 녹았으나 물살은 아직 차고 빠르며, 발을 디디는 순간 미끄러질 것만 같았다. 달빛이 강물 위를 스쳤고, 눈앞의 세상은 침묵의 거울처럼 낯설게 빛났다.

중국에서 남조선으로, 새 터전에서의 삶은 막막했다. 북한에서 결핵 전문 의사로 팔 년을 근무했지만, 남조선에서는 아무 자격도 없는 이방인일 뿐이었다. 림에게는 돌봐야 할 노모가 있었고, 기나긴 여정 속 점점 쇠약해지는 어머니를 바라보는 일이 더없이 고통스러웠다. 아버지와 같은 힘든 길을 걷게 할 수는 없었다.

그때 문득, 하나뿐인 외투 주머니 속에서 명함 한 장이 떠올랐다. 몇 해 전, 국제 감염병 학회에서 스쳐 지나간 인연. 서울의 대학병원에서 감염내과 교수로 재직 중이던 남조선 의사, 이재림. 림은 마지막 남은 용기를 끌어모아 근처 공중전화로 향했다. 아직 어디에도 등록되지 않은 몸, 누구의 보호도 받지 못하는 신분으로 전화를 건다는 것이 두려웠다. 국밥집 안에서는 어머니가 언 손을 녹이며 한 모금 국물을 떠넣고 있었다.

"여보세요?"

"접니다. 리수림입니다. 그때 학회에서… 뵈었던."

잠시, 수화기 너머로 적막이 흘렀다. 림은 마음을 졸이며 대답을 기다렸다. 그마저 끊기면, 마지막 희망의 끈마저 놓아야 할 것만 같았다.

"기억납니다."

조용하지만 단단한 목소리가 수화기 너머로 흘러나왔다.

"지금 어디에 계십니까?"

따스한 재림의 목소리에 림은 울컥대며 눈물이 흘러나올

것 같았다. 림은 간신히 국밥집의 이름과 위치를 전했다. 몇 시간 뒤, 그는 언 몸을 녹이던 어머니와 함께 작은 진료소가 딸린 쉼터로 옮겨졌다. 그렇게 남조선에서의 두 번째 삶이 조용히 시작되었다. 이재림은 많은 말을 하지 않았다. 대신 말없이 손을 내밀었다. 자격증은 당장 인정되지 않았지만, 림의 경력과 실력을 알아본 그는 의료 관련 시설에서의 행정보조부터 시작해보자고 권유했다. 진료소에서 하루 두세 시간씩 자원봉사를 하며 림은 한국어를 익히고, 남조선의 의학 용어와 의료 시스템을 새로이 배워갔다. 익숙했던 진료의 언어가 낯설게 다가올 때면, 그는 조용히 복도 끝 창가에 서서 북녘을 떠올렸다.

청진 의학대학 시절, 그는 의료 용어를 러시아식 발음으로 배웠다. 이제는 같은 개념을 영어와 남조선식 표현으로 다시 익혀야 했다. 말은 같아도 쓰임이 달랐고, 시스템 역시 생소했다. 익숙했던 수술 순서도, 진료의 흐름도 다시 새로 짜야 했다. 하루에도 몇 번씩 혼란과 부끄러움에 사로잡혔지만, 그는 언젠가 다시 환자 앞에 설 그날을 떠올리며 묵묵히 한 걸음씩 나아갔다. 힘들 때마다 성경을 펼쳐 읽었다.

고뇌로 얼룩진 밤, 림은 밤늦도록 불이 꺼지지 않는 이재림의 사무실을 노크했다. 재림은 책상 한쪽에 놓여 있던 얇은 공책을 건넸다. 그 안에는 그가 의료 봉사 중 만난 사람들의 이야기와, 그들의 고통과 회복의 순간, 그리고 매번 마음을 지탱해 준 성경 구절들이 조심스레 적혀 있었다.

그 공책을 넘기던 림은 문득 이런 생각이 들었다. 어쩌면 함께 믿는 신이, 그에게 이 사람을 동료이자 은인으로 보내주신 건 아닐까. 의대 학위를 다시 취득하는 데는 몇 년의 시간이 걸렸다. 그동안 이재림은 림에게 경제적으로나 문화적으로 많은 도움을 아끼지 않았다. 홀로였다면 노모를 모시고 공부를 병행하는 일이 결코 쉽지 않았을 것이다. 하지만 재림은 기꺼이 남는 방 한 켠을 내주었고, 림은 그 따뜻한 배려 덕분에 삶의 무게를 조금은 덜어낼 수 있었다. 그리고 마침내, 그는 다시 진료실에 섰다. 남한의 감염내과 병동. 그는 이전처럼 흰 가운을 입었고, 청진기를 목에 걸었다. 그러나 과거와는 달랐다. 그는 이제 병보다 사람을 먼저 보았다. 탈북민과 이주민 진료를 전담하며, 림은 북에서 넘어온 사람들의 사연과 고통에 진심으로 귀 기울였다. 언젠가 자신의 어머니가 그랬던 것처럼, 이름 없는 이들에게도 고통은 있었고, 사랑도 있었다. 동시에 북한 보건의료체계와 전염병 대응 구조에 대한 연구를 시작했다. 과거 자신이 체념 속에서 보았던, 약이 없어 죽어가던 사람들, 주사기를 돌려 쓰다 감염병에 걸린 아이들, 그리고 아무 말 없이 사라져간 생명들. 그 기록을 논문으로, 그리고 언젠가는 책으로 남기고 싶었다.

어느 늦은 밤, 연구실을 나와 강가를 걷던 그는 문득 물위에 떠 있는 한 척의 배를 바라보았다. 조명도, 노도 없이 고요히 떠 있는 검은 배. 어쩌면 자신이 지금껏 지나온 시간이 바로 그 배와 같다는 생각이 들었다. 아버지를 죽음으로 몰아간 초음파 속 검은 배, 목적지를 알 수는 없지만, 단 한 번도 멈추지 않았던 여정. 림은 조용히 가슴 안에 품고 다니던 성경을 꺼내 들었다. 그리고 오래도록 눈을 감고 중얼거렸다.

"나 예수는 교회들을 위해 나의 천사를 보내어 이 일들을 너희에게 증언하게 하였으니…."

그의 마음은 이제 더 이상 표류하지 않았다. 자신만의 '검은 배'를 타고 다시 밝은 생명을 향해 나아가고 있었다. 희미해도 빛은 빛났다.

장마당

오래전 "북한 장마당서 성경책 팔린다"(2015년 1월 21일 국민일보)는 보도가 있었는데 장마당이란 단어는 우리나라에서 북한의 시장을 지칭 하는 단어로 현재 합법적으로 운영되고 있는 북한 시장의 공식적 명칭은 종합시장으로 이러한 종합시장은 북한 전역에 410여 개, 평양에서 31개가 있다고 한다.

우리나라에서 장마당 세대가 회자 되기도 했었다. 1980년대 이후에 태어난 북한의 청년층을 일컫는 신조어로 출생 시기와 '나', '개인'을 중시하는 성향 등에서 한국의 MZ세대(1980년대생-2010년대 초반생)와 유사점이 있으며, 북한당국은 이들을 사회주의 혁명 과업 완수와 체제에 대한 순응을 기대하며 '새세대'라 부르지만, 한국 등 외부 세계의 북한 전문가들은 북한의 기성세대와 다른 특징에 주목하며 '장마당세대'라고 명명하였다.

이러한 장마당 세대는 1990년대 '고난의 행군'을 유·소년기에 겪으며, 당국의 '배급제'가 아닌 '장마당' 활동을 통해 극한의 생존을 경험하면서, 체제 순응보다 자신의 '자립'을 중시하는 특징을 가지고 있으며, 체제가 허용한 공적 경제 영역보다 사적 경제 영역(장마당, 밀무역, 돈주 거래 등)에서 소득 창출 활동을 주도하며 최신 손전화(휴대전화)를 구매하거나 한국、중국 등 외부문화의 동영상 및 음악 파일을 구매하고 공유하며 과시적 소비행태를 보이기도 한다.[1]

북한 당국이 2003년 '종합시장'을 공식 설치한 이후 시장은 공식적으로 허가한 장소와 그렇지 않은 곳으로 구분되기 시작했다. 공식시장은 시(군)인민위원회 상업과(부) 및 재정과(부)에서 정책적·행정적으로 관리하고 있으며, 각 시장의 관리소에서는 매대 자릿세와 정기적인 장세를 수취하고 출입과 각종 제반 상행위에 대한 관리를 받고 있다.

따라서 합법과 비합법의 구분 없이 '장마당'이란 용어를 사용하는 것은 현재의 북한 시장 실태를 이해하는 데 있어 혼돈을 가져올 가능성이 있다. 다시 말해 '시장'을 공식시장과 비공식 시장으로 구분할 필요가 있다. 공식시장은 종합시장을 비롯하여 당국이 상행위를 허가한 공식 장소 및 상행위 활동을, 비공식 시장은 '장마당'으로 통칭되는 골목이나 길거리 등 공식적으로 허가되지 않은 장소에서 이루어지는 장사행위에 사용하는 것이 바람직하다.[2]

1 「북한의 MZ세대: 장마당세대의 특징과 동향」, 《KB금융지주연구소》

2 통일연구원, 「북한 전국 시장 정보: 공식시장 현황을 중심으로」, 《KINU 연구총서》, p.16-24.

폐가

이수현

브로커는 나를 위, 아래로 먼저 살폈다. 마치 가격표를 책정하는 것처럼. 그 불쾌하고도 끈덕진 시선에 자연스레 몸이 위축되었다. 남조선에 가려면 10만 위안, 약 1천 9백 43만 원이 든다고 했다. 3만 위안이면 여권도 위조할 수 있다고. 브로커는 꽤 당당한 표정으로 말했다. 팬데믹 이후 탈북 루트가 줄어들고, 브로커들도 사라지면서 1인당 비용이 천정부지로 올랐다는 소문을 들은 적이 있다. 하지만 막상 눈앞에서 정확한 금액을 듣게 되니, 말로는 설명할 수 없는 막막함이 가슴을 짓눌렀다. 이미 폐허처럼 텅 비어버린 가슴이 욱신거렸다. 계산기를 두들기듯 금액을 쏟아내던 브로커는 한참을 뜸 들이다가, 당장 돈이 없다면 다른 방법도 있다며 말끝을 흐렸다. 의뭉스러운 눈빛에 나는 본능적으로 한 걸음 물러섰다. 낯선 사무실의 공기가 더욱 숨 막히게 느껴졌다. 나는 돈을 구한 뒤 다시 연락드리겠다고 얼버무리고 바로 밖으로 나왔다.

내가 이곳에 오게 된 건, 순전히 자유를 찾아서였다. 정확히 말하자면 꿈이라는 게 내 마음에 싹을 틔우기 시작했을 때부터였을까. 시작은 하늘에서 내려온 하얀 비닐봉지 하나에서부터였다. 동네 아이들과 몰래 공장에 있던 낡은 컴퓨터에 USB를 꽂았다. 화면 속엔 전혀 다른 세상이 담겨 있었다. 몸에 딱 달라붙은, 반짝이는 옷을 입고 무대 위에서 춤을 추는 아이돌, 한없이 애절하다가도 금세 달콤해지는 사랑의 주인공이 등장하는 남조선 드라마. 화면 속 사람들은 말투도, 옷차림도, 눈빛마저도 자유로웠다. 나는 그 자유가 진짜인지, 정말 손에 닿는 것인지 알고 싶었다. 어느새 익숙해진 멜로디를 나도 모르게 흥얼거리고, 리듬에 맞춰 어깨를 들썩이고 있었다. 춤은 어쩌면, 내가 처음으로 나만의 것으로 누릴 수 있었던 시간이었는지도 모른다.

아버지를 탄광 사고로 잃고 난 뒤, 집안은 순식간에 무너졌다. 내가 어릴 적, 교사였던 아버지는 배급이 끊기자 생계를 위해 탄광 노역을 택했고, 그 선택은 결국 돌아오지 못할 길이 되었다. 억울한 사고였지만, 어머니는 살기 위해 침묵했고, 나는 한순간에 아버지를 잃었다. 가만히 있으면 견딜 수 없이 괴로웠다. 내면의 소리에 집중하는 것보다, 자연의 소리에 마음을 여는 게 더 나았다. 물 흐르는 소리, 양은 주전자 뚜껑이 달그락거리는 소리, 바람에 흔들리는 대나무 소리. 그 모든 것이 내게 음악이었고, 그 속에서 자유롭게 몸을 움직였다. 춤은 또 다른 내 생명이 되었고, 어머니가 어렵게 구해온 쌀을 씻을 때면, 그 쌀 씻는 소리에 맞춰 어깨를 들썩이고 발끝을 움직였다.

"사내애가 춤은 무슨 춤이니. 망신스럽게."

어머니는 그렇게 말하면서도 내가 어딘가에 홀린 듯 춤을 추고 있는 모습을 보는 걸 즐거워했다. 처음 그들의 무대를 본 날, 심장이 터질 것만 같았다. 가사 중 생소한 단어도 있었지만, 신나는 리듬은 모든 언어적 장벽을 허물 정도로 내 심장을 흔들어 놓았다. 지금껏 한 사람만을 찬양하는 노래만 들으며 자라온 내게 그것은 새로운 충격이자 해방이었다. 어릴 적부터 학교에서 배워온, 남조선 사람들은 모두 불행하고, 어렵게 살고 있다는 이야기와는 달리 남조선 드라마에서 본 그들은 손톱에 색을 입히고, 궁궐 같은 대저택으로 들어가는 등 아주 화려해 보였다. 삶은 달걀 하나, 뜨끈한 된장국 한 그릇도 없어 굶어 죽는 사람이 넘쳐나는 이곳과는 정반대의 세상이라는 게 믿기지 않았고 동시에 궁금하기도 했다.

누구도 입 밖에 속 시원하게 꺼내지 않았지만, 남조선 문화는 이미 또래 사이에서 유행하고 있었다. 멀끔히 차려입은 일곱 명의 소년들이 커다란 무대에서 칼군무를 추는 모습, 고여 있던 내 삶에도 별이 흘러넘치는 것 같았다. 나는 조용히 테이프를 틀고 노래에 맞춰 춤을 따라 췄다. 어느 순간, 그 세계의 빛이 내 안까지 스며드는 듯한 기분이었다.

드럼 비트가 울려 퍼지자 나는 발끝을 세우며 조심스레 중심을 잡았다. 무릎을 가볍게 굽혔다가 펴며 리듬을 탔고, 허벅지와 어깨, 손목이 순서대로 움직이며 춤의 물결을 이뤘다. 손끝을 하늘로 뻗었다가 가슴 앞에서 부드럽게 교차시키는 동작, 고개를 살짝 젖히며 강약을 주는 흐름까지. 춤을 제대로 배워본 적은 없었지만, 예전에 마을 문화회관으로 순회공연을 왔던 모란봉악단의 무대. 그들의 어깨너머로 본 칼군무를 기억하며, 나는 혼자서 밤마다 거울 없는 방에서 남조선 영상을 몇 번이고 돌려봤다.

완벽한 대열을 이루고, 순서를 지키는 것. 이제는 눈을 감아도 몸이 먼저 기억했다. 나는 수천 번 불러보았던 노래를 조용히 따라 불렀다. 혹시라도 밖을 비집고 새어 나갈까 봐 아주 작은 소리로. 구겨진 비닐장판 위, 낡은 스피커에서 흘러나오는 소년들의 노랫말은 완벽히 내 몸을 사로잡았다. 어느새 안무를 여러 번 추고 나면 땀이 이마에 송골송골 맺혀 있었다. 숨이 턱 끝까지 차오를 만큼 호흡이 차도 전혀 힘들지 않았다. 그 순간만큼은 가난도, 굶주림도, 검열도 모두 잊을 수 있었다.

“오마니. 나는 가수가 되고 싶습네다. 춤도 추고, 노래도 하고.”

“쉿!”

진심을 꾹꾹 눌러 담아 어머니께 처음 꿈을 털어놓던 그 날, 어머니는 놀란 눈으로 내 입부터 막았다. 마치 절대 담아선 안 될 꿈을 입에 담은 것처럼 엄중한 표정으로. 그리고는 아무 말 없이, 한숨과 눈물이 뒤섞인 얼굴로 나를 꼭 껴안았다. 누구도 대놓고 입에 올리진 않았지만, 남조선의 가요와 춤, 드라마와 말투는 이미 또래들 사이에서 은근히 퍼져나가고 있었다. 작은 소리로 흥얼거리는 후렴구, 손끝으로 흉내 내는 춤 동작, 눈빛으로 주고받는 암묵적인 신호들이 그 증거였다.

"야야, 너 오늘 너구리눈 됐구나."

"쉿!"

밤새 남조선 드라마를 보다 잠을 설쳐 눈가가 퀭해진 걸 두고 친구들끼리 웃으며 나누는 농담이었다. 하지만 그런 대화도 선생님이나 어른들 앞에서는 입도 뻥긋할 수 없었다. 학교 안에서는 그 모든 게 금기이자 단속 대상이었다. 무심한 말 한마디가 목숨을 좌우할 수 있다는 걸 우리는 너무 잘 알고 있었다.

국가 지침으로 생산 노동을 경험하기 위해 옥수수 농장을 방문했던 날, 햇볕에 그을린 이랑 사이로 춘애가 내게 다가왔다. 움직일 때마다 양갈래로 딴 머리가 가볍게 흔들렸고, 그 모습은 마치 가을바람에 살랑이는 참억새 같았다. 얼굴은 햇볕에 익은 홍시처럼 발그레했고, 그녀는 주위를 두리번거리며 살핀 뒤, 조심스레 속삭였다.

"일호 너. 라이즈 보이즈 좋아하지 않니? 중국 사는 내 사촌 오빠가 보내준긴데, 너한테만 살짝 보여준거라. 아무 말 말고 혼자 보라우."

춘애의 말은 봉투 속에 꼭꼭 숨겨둔 보물처럼 조심스럽고도 단단했다. 춘애는 주위를 두세 번 더 살핀 뒤, 손바닥 안에 꼭 쥐고 있던 SD카드를 내게 건넸다. 지난달, 하얀 비닐봉지 속 테이프를 테이프가 늘어질 때까지 돌려보며 외웠던 나는 그 순간 눈이 번쩍 뜨였다. 평소 친구들 앞에서 라이즈 보이즈의 춤을 흉내 내며 장난처럼 따라 했던 것이, 뜻밖의 기회로 돌아오리라곤 상상도 하지 못했기 때문이었다.

"야이. 쟤 완전 인간 복사기 아니니? 어째 저리 똑같이 춘다니?"

아이들이 감탄을 터뜨리며, 놀란 눈으로 나를 바라보는 순간, 손끝에서부터 소름이 서서히 번져갔다. 춘애도 눈을 반짝이며 내게서 시선을 떼지 못했다. 두 손을 모은 채, 마치 무언가를 간절히 기도하는 사람처럼 바라보았다. 사실 춘애가 나를 좋아한다는 건 이미 짐작하고 있었고, 나도 춘애의 그런 마음이 싫지 않았다.

모두의 시선이 내게 쏠려 있는 그 앞에서, 내가 가장 사랑하는 춤과 노래를 따라하며 몸을 흔드는 그 순간, 나는 처음으로 살아 있다는 감각을 온몸으로 느꼈다. 그것은 말보다 강렬했고, 허기보다도 더 절박했다. 짧고도 선명하게, 내 존재를 증명해 주는 한순간이다. 나는 춘애가 건넨 SD카드를 보물처럼 조심스레 받아들였다. 손이 맞닿는 순간, 전기에 감전된 듯 찌릿한 느낌이 온몸을 타고 흘렀다. 꼭 쥔 두 손 사이로 서로의 감정이 조용히, 그러나 분명히 전해져오는 것 같았다.

"야, 너희 또 무슨 수상한 짓 꾸미고 있니?"

보리밭 사이로 누군가의 말소리가 들렸다. 나는 반사적으로 몸을 움츠렸다. 곧 은도가 다리를 꼬고 우리를 노려보고 있는 모습이 눈에 들어왔다. 팔짱 낀 두 팔과 비뚤게 올라가 있는 입꼬리, 은도는 마치 우리 둘이 반동분자라도 되는 것처럼 추궁했다. 은도는 고위 간부의 딸이었다. 정기적인 강제노동 명단에서는 매번 그녀의 이름이 빠져 있었고, 우리는 그걸 알면서도 감히 말 한마디 못했다. 선생님 역시 은도를 함부로 하지 못했으니. 오히려 은도는 그 특권을 방패 삼아 아이들에게 일을 떠넘기며, 제 손 하나 더러워질 일 없는 우월감을 즐겼다.

나는 재빨리 아무것도 아니라고 둘러댄 뒤, 내 구역으로 돌아갔다. 발밑에 널린 잡초들이 그날따라 유독 날카롭게 느껴졌다. 당황해서 맨손으로 잡초를 잡아 뜯다가 손에 피가 났다. 하지만 아픔보다 주머니 속에 있는 새 세상에 대한 기대와 호기심으로 심장이 뛰었다. 하얀 비닐 봉지에 담겨 있던 라이즈 보이즈의 드림 걸은 이미 너무 많이 춰서 자다가도 춤을 출 수 있을 정도였다.

그때 난 은도의 께름칙한 눈빛. 그리고 부탁을 외면하지 말았어야 했을까. 난 아직도 그때를 생각하면 후회가 남는다. 집에 가는 길, 학교 앞 골목 앞에서 은도가 다가와 슬쩍 말을 붙였다. 목소리는 나긋했지만, 어디선가 미세한 명령조가 배어 있었다.

"일호야."

"앞으로 매일 아침, 우리 집에 좀 들리라우."

"내가 왜?"

"요새 내가 어깨가 아파서 가방도 들기 힘들어. 오마니, 아바이한테도 인사 좀 드리고, 같이 학교 가면 니도 좋지 않갓니?"

나는 코웃음을 치며 고개를 저었다.

"내가 느 집 머슴두 아니고, 그런 건 하기 싫다야."

예상 밖의 대답이었는지 은도의 얼굴이 굳어졌다. 자존심이 상했는지 한껏 미간을 구긴 채, 나를 한번 무섭게 노려보았다. 마치 제가 쥔 패가 무엇인지 알고 그렇게 행동하는 것이냐는 표정으로. 하지만 나는 뒤를 돌아보지 않고 발걸음을 옮겼다. 빨리 민 씨 아저씨네로 가서 영상을 틀어보고 싶었기 때문이다.

사흘 뒤, 집에 낯선 사람들이 들이닥쳤다. 농장에서 일하던 어머니는 무슨 일인지도 모르고 허둥지둥 뛰어오셨지만, 나는 이미 그들 앞에서 수갑을 찬 채 어딘가로 끌려가고 있었다.

춘애는 나보다 먼저 잡혀 왔다고 했다. 내 앞에서 그녀는 동교화형에 처해졌다. 흙바닥 위에 무릎 꿇은 채, 차가운 총구 앞에 선 모습이 눈앞에 어른거린다. 동네 아이들 앞에서 벌어진 그 처형은, 단지 본을 보이기 위한 것이었다. 구호 소리가 울리고, 곧 이어진 총성. 십 대 소녀에게 내려진 벌이라고는 믿기 어려울 만큼 잔혹하고도 무자비했다. 딸을 잃은 춘애 어머니는 울다 지쳐 정신을 잃었다. 춘애와 함께 영상을 돌려본 나 역시 같은 운명을 맞이했어야 했다. 하지만 어머니가 어렵사리 수소문한 먼 친척, 체제 내 고위 간부로 있는 인물 덕분에, 겨우 목숨만은 건질 수 있었다. 그러나 그날 이후, 죄책감은 나를 가만히 두지 않았다. 춘애는 단지 내가 좋아하는 것을 알아주었을 뿐이었다. 내가 좋아하던 춤과 노래, 그 자유의 흔적을 함께 나누고 싶었던 것이다. 나는 죄책감으로 벌벌 떨며 스스로 책망했다. 내 기억 속 춘애는 더 이상 자라지 못하고, 열여덟에 계속 멈추어 있을 것이었다. 그 잔상은 두고두고 내 안에 남았다. 어머니는 그 일 이후, 동네 어른들 앞에서 모진 질타와 수치를 견뎌야 했다.

"반동분자 새끼."

누구는 입을 가리고 수군거렸고, 누구는 대놓고 한마디씩 내뱉고 지나갔다. 그 모든 시선과 말들이 결국 어머니의 어깨에 내려앉았다. 나 같은 아들을 둔 죄밖에 없건만, 어머니는 마을 회관 앞에서 공개적인 문책을 받았고, 낯선 군홧발에 짓밟히며 매질까지 당했다. 오염된 정신은 곁에 있는 사람까지 오염시킨다고 사람들은 두런거렸다. 나는 도리어 누가 오염된 것인지 되묻고 싶었지만, 어머니를 생각해서 참아야 했다. 굽은 등으로 나를 먹이고 입히느라 온 삶을 바쳐온 사람이었다. 아버지가 일찍 세상을 등진 뒤, 장마당에서 온갖 허드렛일로 집안을 지켜온 어머니는, 그날의 채찍과 억눌린 분노 끝에 끝내 말없이 몸져누웠다. 병원에 갈 수 없었고, 약 한 첩 써 올 수 없던 현실 속에서 앓으며 어머니는 계속 내 이름을 불렀다.

"일호야… 살아야 한다. 무슨 일이 있드래도."

"오마니…."

"그리고… 네 꿈. 꼭 이루라. 이 어미가 미안하다…."

어머니는 그렇게 세상을 등졌다. 며칠을 울고 또 울었지만, 어느 순간부터는 울음조차 말라 나오지 않았다. 나는 그 폐허 속에서 살아남아야 했다. 아무것도 하지 않고 누워 있으면 잠이 오지 않았다. 사랑하는 이들을 잃은 마지막 장면들이 눈을 감을 때마다 떠올랐다. 마음을 풀어내기 위해 몸을 움직이려 해도, 어디에도 마음 놓고 춤출 공간은 없었다. 학교 체육관은 늘 자물쇠로 잠겨 있었고, 마을회관은 감시의 눈길이 도는 곳이었다. 그래서 나는 사람들의 발길이 닿지 않는 곳들을 찾아 헤맸다. 오래된 양조장 뒤편의 창고, 굴뚝이 무너진 벽돌 공장, 밤이 되면 아무도 찾지 않는 개울가 다리 밑, 그리고 사람이 떠나고 남겨진 빈집들.

지붕 틈새로 빗물이 새고, 벽지가 너덜거리는 그 방들 안에서 나는 조심스럽게 발끝을 세우고 손끝을 뻗었다. 먼지 날리는 바닥 위를 돌며 움직이는 동안, 숨이 차올라도 멈추지 않았다. 누구에게도 들키지 않으려, 나만의 리듬으로 조용히 흔들렸다. 벽에 비친 내 그림자가 나를 따라 움직일 때면, 그게 유일한 관객이자 동료였다. 그렇게 몰래 춤을 추며 하루를 버텼다. 내게 폐가는 버려진 공간이 아니라, 세상에서 유일하게 나를 받아준 무대였다. 침묵과 억압의 세계에서, 나는 내 방식으로 살아보려 했다.

하지만 다시 텅 빈 방 안, 어머니와 함께 살던 집에 돌아오면 고독하고 우울했다. 아무 말도 들리지 않는 그 적막 속에서도 뱃속은 끊임없이 요동쳤다. 그제야 깨달았다. 이토록 처절한 순간에도 가장 원초적인 욕구는 인간을 얼마나 간사하게 만들 수 있는가를. 문득 나를 신고한 이가 은도라는 생각이 뇌리를 스쳤다. 당에서 얼마 전 반동사상문화배격법을 강화하겠다고 발표한 시점이었다. 남조선 문화와 관련된 모든 활동은 더 엄격한 단속의 대상이 되었고, 누군가가 내 행동을 고발하기엔 더없이 적절한 시기였다. 그제야 어지럽게 흩어져 있던 기억들이 조각처럼 맞물리기 시작했다.

은도는 자주 나에게 묘한 눈빛을 보냈다. 장군님을 모시고 해외를 순방하고 온 아버지가 가져온 외국 초콜릿을 내 책상 위에 몰래 올려놓기도 했고, 아이들이 없는 자리에서는 마주 앉아 한참을 말없이 나를 들여다보곤 했다. 그런 은도의 마음을 일부러 모른 척한 적도 많았다. 부담스러워 일부러 어색한 웃음으로 자리를 떴다. 아무리 그래도 같은 반 친구들을 어떻게 고발할 수 있는지, 법이라는 잣대로 응징할 수 있는지 이해되지 않았다. 은도는 춘애의 처벌 이후에도 자신만만하게 고개를 들고 학교를 다녔지만, 난 그 아이를 용서할 수 없었다.

춘애의 죽음 이후, 교실은 잔뜩 웅크린 듯한 정적에 휩싸여 있었다. 선생님은 내게 싸늘한 눈길을 주었다가 이내 시선을 거두고는, 천천히 교탁 앞을 걸으며 아이들을 향해 입을 열었다.

"앞으로 남조선 물건이나 영상 같은 거 본 사람들은 즉시에 신고하라우. 그런 것들이 더 무서운 거라. 머리부터 썩어드는 정신적 병균이라 그 말이지."

그리곤 말했다. 당에서 남조선 영상을 본 사람을 신고하면 식량이나 생필품이 포상이 내려온다고. 나는 주저앉은 채로 속을 부여잡았다. 모든 게 내 탓이었다. 춘애를 지키지 못한 것도, 어머니의 죽음을 막지 못한 것도. 세상에서 나를 보호해 줄 유일한 존재가 사라졌다는 감각은, 사지의 힘을 죽 빠지게 만들었다. 죽음의 그림자가 내 앞에 드리워질 때, 머릿속을 가득 채운 건 오직 하나였다. 도망쳐야 한다. 살아야 한다.

그제야 문득 이상하다는 생각이 들었다. 내가 어릴 적부터 배워오고, 의심 없이 믿어왔던 것들이 혹시 전부 허상이었을지도 모른다는 생각. 남조선에서 날아온 비닐봉지 안에는 USB 하나만이 아니라, 초코파이 몇 개와 쌀 몇 줌이 함께 들어 있었다. 낯선 나라에서 보내온 그 작은 온정은, 내가 살아온 세상과는 전혀 다른 삶이 존재한다는 증거처럼 느껴졌다. 누군가에게 먹을 것을 나눠줄 수 있는 여유와, 누구에게도 빼앗기지 않을 자유가 존재하는 세계.

거리에는 여전히 꽃제비들이 구걸을 하고, 눈 밖에 나면 언제든 파리 목숨처럼 사라질 수 있는 이곳은, 어쩌면 세상에서 가장 거대한 감옥일지도 모른다. 무엇보다 춤과 노래를 좋아하던 내가 이 땅에서 꿈을 꾼다는 건 불가능에 가까웠다. 당의 지시로 진행되는 무용은 대부분 여자아이들의 몫이었고, 그마저도 내가 추고 싶은 춤과는 전혀 달랐다. 장군의 생일을 기념하는 집단 체조, 형식적인 전통 공연. 손끝에서부터 발끝까지 자유롭게 흐르던 그 춤은 이곳에선 미풍양속을 해치는 퇴폐로 낙인찍히기 마련이었다. 나는 알 수 있었다. 스스로 내 안의 불꽃을 꺼뜨리지 않는 한, 언젠가 누군가에 의해 꺼져버릴 거라는 걸. 그렇지 않다면 소중한 이들이 다치고 상처받을 거라는 것을.

그날 밤, 굶주린 배를 움켜쥐고, 삶을 건 탈출을 결심했다. 다시는 검열되지 않는 하늘 아래에서, 춤을 마음껏 추기 위해서였다. 그 뒤의 기억은 잘려간 필름처럼, 아득하고 희미하다. 머릿속 어딘가를 도려낸 듯, 시간은 텅 빈 공백으로 남았다. 기억에 남은 건 차갑고 날카로운 감각들뿐이었다. 나는 그렇게 목숨을 걸고 압록강을 건넜다. 철벅거리는 물이 발목을 감싸고, 숨이 가빠오는 그 순간에도 춘애의 눈빛이 떠올랐다. 내 실수로, 소중한 목숨을 잃게 했다는 죄책감. 그리고 나를 덮쳐온 끝없는 배신감. 나는 밤에도, 새벽에도, 꿈에서조차 도망쳐야 했다. 벌떡벌떡 일어나 숨을 몰아쉬며, 그날의 잔해에서 헤어 나오지 못한 채로.

축축했던 옷이 다시 마르기를 반복하다, 겨우 목숨을 걸고 중국에 도착했다. 혹시나 발각될까 봐 얼마나 뛰었는지 다리에는 감각이 없었다. 손과 발이 저려오기 시작했다. 어렵게 수소문해 찾은 브로커는 볼품없이 야윈 나를 보고 계산기를 두드렸다. 그 많은 돈을 내가 어떻게 마련하겠는가. 그 길로 남조선으로 향하는 일은 처음부터 불가능한 꿈일지도 모른다는 절망이 밀려왔다. 더구나, 그가 나를 어디로 팔아넘길지 모른다는 생각에 다시 찾아갈 용기도 나지 않았다.

며칠 동안 중국 단둥의 시장 바닥을 전전했다. 길바닥은 낮에는 시끄러운 물건값 흥정으로 가득했고, 밤이 되면 사람 없는 구석이 나의 잠자리였다. 처음엔 코끝을 찌르던 쯔란 냄새, 초두부, 양꼬치 굽는 연기가 언젠가부터 익숙해졌다. 쓰레기통을 뒤져 찾아낸 닭껍질 몇 조각이나 굳은 밀전병은 행운이었다. 하지만 그마저도 없는 날에는 길바닥에 몸을 웅크리고, 곪은 배를 부여안은 채 악몽 속으로 빠져들었다.

춥은커녕 손가락 하나 까딱할 힘조차 없었다. 의지할 가족도, 친구도 없었다. 마치 폐허에 홀로 떨어진 것처럼 헛헛했다. 행인들은 내게 시선조차 주지 않은 채 스쳐 지나갔다. 얼마 지나지 않아, 험상궂은 얼굴을 한 대머리 아저씨가 고래고래 소리를 질렀다. 중국어를 알아들을 순 없었지만, 내 자리를 차지했다며 당장 꺼지라는 뜻임을 직감했다. 저 덩치에 맞기라도 하면, 나는 허둥지둥 몸을 일으켜 그곳에서 도망치듯 나왔다. 갈 곳도 없이 정처 없이 걸었다. 그렇게 몇 시간을 헤매다 길모퉁이에서 작은 건물 하나를 발견했다. 작은 창으로 흘러나온 빛은 차가운 밤거리에 따스하게 번져 있었다. 나는 누구에게라도 도움을 받을 수 있지 않을까 하는 마음에서, 본능처럼 온기를 향해 발걸음을 옮겼다.

나는 망설였다. 며칠을 씻지 못해 내 몸에서는 퀴퀴한 냄새가 날 것도 같았고, 반쯤 찢어진 셔츠와 흙먼지로 덮인 얼굴을 하고 있었다. 그래도 어쩐지 그 문 너머로 따뜻한 기운이 느껴졌다. 도망치듯 얼어붙었던 마음이 조금씩 열리고 있었다. 나는 천천히 문고리를 돌렸다.

안으로 들어서자, 자그마한 난로 위로 물이 끓고 있었고, 구석에서는 누군가 조용히 찬송가를 부르고 있었다. 인기척을 느낀 사람은 문을 열고 내게 다가왔다. 마른 체구에 따뜻한 눈빛을 가진 남자였다. 그는 처음에 중국어로 묻다 내가 못 알아듣는 것 같으니 조심스레 한국어로 물었다.

"북에서 왔니?"

대답할 기운이 없었던 나는 겨우 고개를 끄덕였다. 그간 겪었던 충격 때문인지 말이 잘 나오지 않았다. 그는 성경책을 옆으로 밀어두고, 내 앞에 따뜻한 차 한 잔을 내밀었다. 나는 경계 어린 눈빛으로 주변을 살폈다.

"괜찮아. 여긴 너를 쫓아낼 사람이 없어."

그가 바로 안 목사님이었다. 안 목사님은 남조선에서 파견된 선교사로, 국경 너머에서 넘어온 청소년들을 돌보는 일을 하고 있었다. 배가 차자 살 것 같았다. 그가 묻는 말에도 나는 입을 열 수 없었다. 혹시라도 입을 열었다 큰 일을 당하게 될 것 같았기 때문이다. 사람을 쉬이 믿을 수 없었다. 그는 채근하는 일 없이 그저 나를 기다려주었다.

뜨끈한 국과 밥을 내어주고, 교회 옆 작은 방 한 칸을 내어주었다. 낡고 소박했지만 그곳은 내게 세상에서 가장 따뜻하고 조용한 피난처였다. 안 목사님이 예배를 드릴 때면, 나는 벽 하나를 사이에 두고 조용히 그 말씀을 들었다. 때론 숨을 죽이고, 때론 눈을 감은 채 들었다. 하지만 그곳에서도 밤이면 악몽에 시달렸다. 춘애의 마지막 눈빛이 어둠 속에서 번져왔고, 어머니가 마지막 숨을 몰아쉬던 순간이 자꾸 떠올랐다. 모든 게 내 탓이라는 생각이 들었다.

춘애와 어머니의 죽음 이후, 난 하루도 편히 잘 수 없었다. 내게 꿈이 있냐고, 앞으로 무얼 하고 싶냐고 묻는 목사님의 말에도 나는 그저 고개를 저었다. 아무것도 바라지 않는 것으로 죄책감을 덜고 싶었기 때문이다. 사랑하는 이들을 다 잃고 난 뒤, 삶에 주책맞게 애착을 갖는다는 건 너무나 이기적이고 뻔뻔할뿐더러 사치라는 생각마저 느껴졌다. 일련의 고통을 겪고 난 뒤, 나는 삶이 지겹다는 생각이 들었다. 밤이면 산란하는 빛들이 꿈에 들어와 나를 괴롭혔고, 죽은 춘애와 어머니의 울분과 고통이 귀에 맴돌아 고통스러웠다.

잠 못 드는 밤이면, 나는 책장 구석에 꽂혀 있던 성경책을 꺼냈다. 말씀을 전하던 안 목사님의 눈빛과 목소리엔 세상 어떤 소란도 닿지 못할 평온이 깃들어 있었기 때문이다. 나도 그처럼 될 수 있을까. 한 줄 한 줄 조심스레 말씀을 읽어 내려가면, 폐허 같던 마음 한가운데 아주 작고 따뜻한 불빛 하나가 들어왔다. 혼란스럽던 감정들이 마치 겨울바람 속 먼지처럼 서서히 가라앉았다.

일주일 뒤, 나는 조심스레 안 목사님 앞에 앉아 그동안의 이야기를 하나씩 꺼내놓았다. 춘애의 일, 어머니의 마지막 말, 춤과 노래를 향한 그리움과 갈망까지. 목사님은 아무 말 없이 그저 내 말을 끝까지 들어주었다. 가끔 고개만 끄덕이며, 말없이 등을 토닥이는 손길. 나는 그 다정한 침묵 앞에서 결국 꺼이꺼이 울음을 터뜨리고 말았다. 교회에서 청소와 잔심부름을 하며 지내던 어느 날, 목사님은 내게 말했다.

"일호야, 이제는 네 꿈을 향해 걸어가야 하지 않겠니?"

목사님의 말씀이 처음엔 잘 와닿지 않았다. 무슨 뜻인지 알 수 없어 눈만 깜빡였다. 하지만 며칠 뒤, 목사님은 조용히 내게 소식을 전해주셨다. 하나원과 연결이 되었다는 것이었다. 알고 보니, 내가 머물던 이 소박한 교회는 탈북민을 돕는 단체와 긴밀히 협력하고 있었고, 목사님은 나를 처음 만났을 때부터 그곳과 이어줄 결심을 하고 계셨던 듯했다.

"곧 서류를 준비해 줄게. 한국으로 갈 수 있을 거야. 거기엔 네가 머물 수 있는 교육시설도 마련돼 있어."

나는 믿기지 않는다는 얼굴로 되물었다.

"정말… 정말 남조선으로 갈 수 있는 건가요?"

목사님은 부드럽게 웃으며 고개를 끄덕이셨다.

"하나님은 네가 여기까지 오느라 걸어온 그 길을 다 보고 계셨어. 이제부턴 우리가 널 도울 차례란다."

그 말은 마치 오래도록 어둠 속을 걷다 처음 마주한 희미한 등불 같았다. 긴 터널 끝에 작고 따뜻한 문 하나가 열렸다. 처음엔 모든 것이 낯설었다. 조용하고 아늑한 밤, 깨끗한 침대, 식판 위에 정갈하게 놓인 반찬들. 그런 것들이 오히려 어색하게 느껴졌다. 그러나 아이들은 먼저 내게 손을 내밀었다. 거울을 마주한 듯 너무도 나와 같은 아이들이 있는 곳.

수연이는 밝은 말투와 수다스러움으로 스스로를 감췄지만, 밤이 되면 자주 훌쩍이는 소리가 방 안을 맴돌았다. 어느 날, 그녀는 조용히 일기장을 꺼내 글을 쓰기 시작했다. 수연이는 일기장을 꺼내 글을 썼다. 같은 방의 동훈이는 중국에서 팔려갈 뻔하다 도망쳐 나온 아이였다. 그 나이에 감당하기엔 너무 많은 일을 겪은 얼굴이었다. 농장, 공장. 어선 등 낯선 이들의 손에 몇 번이나 넘겨지다 안 목사님 덕분에 겨우 이곳에 올 수 있었다고 했다. 동훈이의 말에, 내 몸을 위아래로 훑으며 가격을 책정하던 중국 브로커가 떠올랐다. 사람에 많이 지친 탓인지 그 애는 쉽게 웃지 않았지만, 기타를 칠 땐 눈빛이 달라졌다. 동훈이가 연주를 할 때면 우리 모두는 말없이 귀를 기울였다.

뭐 때문인지 눈썹이 반쯤 그을린 명철이. 그는 부모님과 함께 국경을 넘었다고 했다. 말수가 적고, 언제나 어딘가를 맴도는 듯한 반항적인 눈빛의 아이였다. 그날따라 그런 명철이의 휴대전화에서 낯익은 멜로디가 흘러나왔다. 라이즈 보이즈의 드림 걸. 단 한 소절이었지만, 내 몸이 먼저 반응했다. 고향의 흙먼지 날리던 마당, 허밍으로 가사를 삼키며 페가를 찾아다니며 조심스레 추었던 춤이 선명히 떠올랐다. 두 발은 리듬을 따라 저절로 움직였고, 잊고 있던 감각들이 온몸 구석구석에서 깨어났다. 무대, 조명, 박수 그리고 춤. 꿈이라 부르기도 조심스러웠던 내 안의 풍경이 찬란하게 펼쳐졌다.

누가 시키지도 않았는데 나는 천천히 자리에서 일어나 춤을 췄다. 얼마 만에 추는 춤인지, 시간이 한참 흐른 것 같았지만 몸은 모든 것을 기억하고 있었다. 주저함 없는 동작, 흔들림 없는 시선. 나는 흐트러짐 없이 라이즈 보이즈의 안무를 칼같이 따라 추었다. 한 치의 오차도 없는 각과 리듬은 내 안에 깊이 새겨져 있던 또 하나의 언어였다. 아이들은 숨을 죽인 채, 그런 나를 바라보았다. 평소 말이 없고 표정조차 잘 짓지 않아 속을 알 수 없던 내가 무언가에 홀린 듯 춤을 추자, 놀라움을 감추지 못했다. 그 순간 나는 누구의 그림자도, 그 어떤 낙인도 아닌 온전한 내 이름으로 서 있었다.

그날 밤, 나는 오랜만에 기도를 했다. 여전히 춘애와 어머니의 이름을 부르며 두 손을 꼭 쥐고 눈을 감았지만, 그 틈에 아주 조심스럽게 하나의 문장을 더했다.

“저… 춤추고 싶습네다. 가수가 되고 싶습네다.”

하나원에서의 생활은 정해진 일과표를 따라 흘러갔다. 한국 사회의 문화를 배우고, 예의를 익히고, 정해진 규칙을 지키는 평범한 일상이었다. 그러나 그 일상은 내게 더없이 다정했다. 비로소 길바닥이 아니라 어딘가에 속해 있다는 감각, 더는 나의 과거를 숨기지 않아도 되는 시간들. 누군가 내 얘기를 듣고 손을 잡아줄 수 있다는 안정감이 나를 감쌌다. 움츠린 채 두려워하며 살아가던 날들은 그렇게 천천히 지나가고 있었다. 그 따스한 품속에서 나는 아주 조금씩, '꿈'이라는 이름의 작은 불씨를 되살리고 있었다.

"일호야, 이번에 여기서 공개 오디션 있댄다. 너도 한번 나가보라우."

명훈이의 그 말에 나는 마치 가슴 한가운데서 꺼낸 불씨가 다시 타오르는 것 같았다.

〈 메가 엔터테인먼트 〉

"차세대 주역이 될 K-팝 아이돌을 찾습니다"
모집 대상: 14세-18세 / 학력, 출신, 성별 제한 없음
지원 방법: DM으로 신청 폼 제출

명철이 손에 들린 푸른색 포스터를 나는 한참 동안 바라보았다. 포스터 한가운데에는 라이즈 보이즈가 환하게 웃고 있었다. 그들의 눈빛은 화면 밖으로도 반짝였다. 명철이 말로는 메가 엔터테인먼트는 국내 3대 기획사 중 하나로, 라이즈 보이즈를 비롯해 수많은 아이돌을 발굴한 대형 소속사라고 했다.

내가…? 자신 없는 목소리로 반문하자, 명훈이는 내 손을 꼭 잡고 고개를 끄덕였다. 자작곡으로 노래와 춤을 보여준다면 충분히 승산 있다고. 아이들도 하나씩 덧붙이며 응원해 주었

다. 그러다 잠자코 듣고 있던 동훈이가 처음으로 입을 열었다.

"그런데 일호야. 네 춤에는 뭔가가 빠져 있어. 양념 같은 거 말이지."

뜬금없는 말에 나는 어리둥절했다. 한 번 안무를 보면 칼같이 외워낼 만큼 정확한 내 춤에서 뭐가 부족하다는 건지 이해할 수 없었다. 수연이와 명훈이를 바라보자, 그들도 내 눈치를 살피듯 고개를 끄덕이고 있었다. 나는 내가 춘 춤 영상을 다시 돌려봤다. 라이즈 보이즈는 물론 다른 남조선 아이돌 영상도 끝없이 반복해서 재생했다. 대체 뭐가 다른 거지?

영상 속 아이돌들은 똑같은 안무를 추고 있었지만, 묘하게 달랐다. 같은 동작인데도 무언가 더 살아 있는 것처럼 보였다. 눈빛, 표정, 손끝의 떨림, 리듬을 타는 몸의 긴장과 이완이 춤에 감정을 불어넣고 있었다. 정해진 순서와 동작만을 완벽하게 지키며 추는 나의 춤과는 결이 달랐다.

고향에서는 질서와 통일, 단결을 무엇보다 중요시했다. 열 명이면 열 명, 모두가 한 몸처럼 움직여야 했다. 흐트러짐 없이, 일사불란하게. 하지만 남쪽의 춤은 달랐다. 흐름 속에서 감정을 흘리듯 드러내야 했다. 같은 춤이어도, 그 안에 자기 이야기를 녹여야 했다. 동훈이가 말했던 '양념'이란 말이 이해됐다. 내가 놓치고 있던 건 바로 그 한 끗, 감정의 숨결이었다. 동훈이가 말했다.

"춤은 정답을 외우는 게 아니야. 감정을 얹는 거지. 너만의 이야기를 춤에 넣어봐."

나는 조용히 고개를 끄덕였다. 춤은 기억으로 추는 것이 아니라, 마음으로 추는 것임을 이제야 조금 알 것 같았다. 다음 연습부터, 나는 몸이 아닌 마음으로 움직이기 시작했다. 같은 노래라도 슬픈 날엔 동작의 선을 천천히 길게 뽑아내고, 기쁜 날엔 손끝 하나까지 더 활짝 펼쳐 보이며, 매 순간의 감정에 따라 안무를 조금씩 바꾸었다. 몸이 아닌 마음이 먼저 움직이도록. 그제야 아이들의 표정이 달라졌다.

수연이가 속삭였다.

"이제야, 네 춤이 너처럼 보여."

그 이후로 우리는 매일 저녁, 지하 창고를 개조한 작은 음악실에 모였다. 오래된 거울엔 누군가의 손자국이 희미하게 남아 있었고, 구석에 놓인 스피커는 지지직거리며 거친 숨을 뱉어냈다. 그러나 내겐 그곳이 유일한 무대였다. 동훈이는 늘 기타를 가져와 나를 위한 반주를 만들었고, 수연이는 자작곡에 얹을 가사를 써주었다. 그동안 조심스럽게 품고만 있던 이름 없는 꿈, 그것이 이제 비로소 말이 되었을 때, 나는 왠지 모르게 죄스러웠다. 연습을 마친 밤이면 우리는 늘 함께 기도했고, 성경 속 한 구절씩을 마음에 품으며 다시 꿈꾸었다. 오디션 날 아침이 밝았다. 나는 가슴에 손을 얹고 조용히 기도했다. 말씀 구절은 부드럽고 단단하게 나를 감쌌다. 하나원에서 아이들이 나를 배웅했다. 새로 무대의상을 맞추지는 않았지만, 하나원 선생님이 정성껏 꿰매 달아준 꽃무늬 단추 셔츠, 동훈이가 아이돌처럼 만져준 머리, 명철이가 웃으며 내 어깨를 두드린 온기. 그 모든 것이 나를 지탱해 주고 있었다.

오디션장에 도착해 면접실 문 앞에 섰을 때, 긴장으로 숨이 얕아졌다. 하지만 손에 쥐고 있는 작은 십자가를 매만지며 용기를 냈다. 문이 열리고 안으로 들어섰다. 다섯 명의 심사위원이 내 앞에 앉아 있었다. 밝은 조명이 나를 비추자 가슴에 빛이 가득 차올랐다. 내 마음은 더 이상 폐허가 아니었다. 춘애와 어머니가 떠난 자리, 오랜 상처로 비어 있던 그곳엔 따스한 말씀과 사랑으로 새롭게 지어진 작은 집이 자리 잡고 있었다. 더 이상 홀로 슬픔 속에서 흔들리는 춤이 아니라, 나를 지켜준 그 모든 이름들 위에서 당당히 서서 밝은 조명 아래 온 마음을 다해 춤출 것이라 스스로 다짐했다. 인자한 미소의 심사위원은 말을 건넸다.

"자기소개 부탁드립니다."

심호흡을 깊게 하고 입을 열었다.

"안녕하십네까. 김일호입니다. 북한에서 왔고, 춤을 사랑합네다. 오늘 여기, 꿈을 이루기 위해 왔습네다."

짧은 정적이 흐르고 자작곡으로 만든 음악 반주가 시작됐다. 음악이 흐르자 긴장이 사라지고 내 몸이 깨어났다. 처음 남조선의 라이즈 보이즈의 영상을 봤던 순간, 소름이 끼치도록 놀라웠던 순간이 떠올랐다. 춤을 출 때마다, 농장에서 같이 박수를 쳐주던 아이들의 웃음소리가 들렸다. 생의 마지막 순간까지도 나를 바라보며 내게 희망을 주던 어머니의 음성이 들렸다. 지하의 작은 방에서 함께 밤을 지새우며 꿈을 꿨던 동훈이, 수연이, 명철이의 얼굴이 하나씩 스쳐 갔다. 몸짓 하나, 시선 하나에도 마음을 다해 집중했다. 멜로디에 감미로운 목소리를 얹었다. 그동안 마음속을 옭아매던 두려움과 슬픔이 하나씩 풀어지듯, 내 움직임은 점점 더 유연해졌고, 마침내 자유로웠다.

그 순간, 나는 혼자가 아니었다. 그 무대에는 나를 사랑해 주었던 모든 이들이 함께 서 있었다. 오디션이 끝나고 조용히 숙소로 돌아왔다. 한동안 꿈을 꾼 것만 같았다. 내가 꿈을 꾸는 것이 아직 욕심인지 모른다는 생각이 들 때쯤, 나를 찾는 전화벨이 울렸다. 긴 어둠을 지나 드디어 당도한 곳. 빛이 내게 말을 거는 소리였다.

반동사상문화배격법

북한은 코로나19 상황 속에서 주민들을 억압·압박하는 여러 가지 법을 제정하였다. 이러한 법들은 북한이 적대국(대한민국, 미국 등)이라고 하는 나라들의 문화 콘텐츠의 반입, 유포, 사용을 차단하고 이에 대한 강력한 처벌(사형 등)을 하여 주민들의 사상을 통제하고, 주민들의 일상생활에 대한 감시와 통제 시스템을 강화하기 위한 법이다.

반동사상문화배격법의 경우 미신적인 출판물을 시청하거나 유포하지 않도록 한다(제23조)라고 되어 있는데 미신적인 출판물에 성경, 기독교 서적이 포함되며, 부모가 자녀에게 가정내에서 사상교양과 통제를 강화하여 불순한 출판물이나 선전물을 접하거나 유포하는 행동을 방지해야 한다고 규정(제26조)하고 있다. 제29조에는 "'미신을 설교한'이라는 단어가 등장하는데 "많은 사람들에게 류포한 경우 또는 집단적으로 시청, 열람하도록 조장하였거나 조장한 경우에는 사형에 처한다"라고 규정하고 있다.

2019년 제정된 군중신고법에는 신고할 내용에 적대방송 시청, 불순출판선전물들을 들여오거나 제작, 복사, 보관, 류포 시청하는 행위, 미신 행위가 포함되어 있으며(제15조), 군중신고법 제정 이전에 이미 행정처벌법, 주민 행정법 등에 위법 행위에 대한 신고 의무 규정이 있었고, 형법에도 불신고죄에 대한 형사처벌규정이 있다.

청년교양보장법에는 청년들이 하지 말아야 할 행동(제41조)에 종교와 미신행위, 불순출판물을 류입, 제작, 복사, 보관, 류포, 시청하는 행위가 포함되어 있다. 평양문화어보호법에는 공개처형(제35조)이라는 단어가 보이고(공개처형 등 공개투쟁을 여러 가지 형식과 규모로 정상적으로 진행하여 썩어빠진 괴뢰문화에 오염된자들의 기를 꺽어놓고 광범한 군중을 각성 시킨다), 적지물처리법(적지물: 사회주의를 붕괴 시킬 목적으로 들여 보내는 물건)에는 악성 전염병을 발생시킨 것과 같은 엄중한 결과를 발생시켰을 경우에는 사형에 처한다(제43조)라고 되어있으며, "적측 지역에서 강과 바다를 통하여 흘러들어온 오물은 해당 지역을 관할하는 보위기관에서 빠짐없이 수집하여 현장에서 파손, 소각, 매몰 하여야" 하며 "적측 지역에서 오물이 항시적으로 들어오는 지역에서는 상설적으로 처리조를 따로 조직할수 있다"라고 규정하고 있다(제42조) 인민반조직운영법 제20조에는 온갖 반사회주의, 비사회주의적 현상들이 나타나지 않도록 하여야 한다고 규정하고 있는데 미신행위를 포함시키고 있다. 아울러 인민반조직운영법 제정은 인민반장을 우대하여 일반 주민들의 일상생활에 대한 감시체계를 강화함으로 북한 체제를 유지 옹호하고자 하려는 것이 목적으로 설명된다.[1]

---

1 국립통일교육원, 「북한 법령집 상-하: 북한사회와 법 사회 통제를 중심으로」, 《국가정보원》, 2024.8.

하프, 날다

장선영

한스가 평양에 도착한 날, 12월 31일. 스산한 겨울비가 내렸다. 비가 내리는 날은 언제나 그랬듯, 도시의 회색 외벽은 납작해 보였다. 차가운 공기가 콧속을 찌르며 눅눅히 스몄고, 나는 대걸레 자루를 꼭 쥔 채 병원 복도를 밀고 있었다. 그를 처음 본 건 그날 오전, 복도 끝에서였다. 수척한 외국인 남자가 큼직한 가방을 들고 걸어왔다. 하얀 피부, 금빛 머리, 조심스러운 걸음. 그는 우리 병원에 새로 파견된 예술치료사라고 했다. 독일 하노버 대학병원 산하의 연구단 소속이었고, 조선적십자회와의 협약으로 '예술 재활' 프로그램을 위해 왔다고 한다. 그가 들고 있던 건 여권, 큰 나무 상자, 묵직해 보이는 가방뿐이었다.

나는 물걸레질을 멈추고 슬쩍 그를 바라봤다. 순간, 눈이 마주쳤고, 그는 약간 어눌한 한국어로 대뜸 말을 건넸다.

"안녕하세요. 오늘 공항 모니터에 최고 존엄이 자주 나와서 긴장이…."

말끝을 흐린 그는 멋쩍게 웃으며 어깨를 으쓱였다.

나는 놀랐지만, 말도 안 되는 농담을 하는 그에게서 평소와는 다르게 경계심이 들지 않았다. 도리어… 이곳의 공기와 어울리지 않는 다정함이 걱정스러웠다. 작년에 파견 기간을 다 채우지 않고 일찍 돌아갔던 사람처럼 이번에도 끝까지 견디지 못할 것이다. 그러나 병원에서 먹고 자며 반복되는 일상에 새 사람이 들어올 때마다 설렌다.

며칠 뒤, 그가 병원 지하 작업실에 자리를 잡았다는 말을 들었다. B 병동의 구석진 방. 벽에 곰팡이 자국이 희미하게 남아 있는 곳, 그럼에도 가장 넓은 방이었다. 나는 그 방을 청소할 순번이었고, 대걸레를 들고 문 앞을 지나던 참이었다. 그때, 문틈 사이로 손에 나무를 들고 있는 그가 보였다. 그는 나무의 표면을 쓰다듬더니 줄자로 치수를 재고 있었다.

나는 문턱에 멈춰 섰다. 그가 갑자기 동작을 멈추더니 고개를 들었고, 찰나에 눈이 마주쳤다. 그는 나를 보자마자 환한 미소를 머금었다. 민망해서 달아난 그날 이후부터 나는 그의 작업실 근처를 서성댔다. 그가 나무를 깎는 모습을 멀리서 지켜보는 일이 즐거웠다. 손에 든 조각칼로 나무를 도려내는 데도, 나무를 해치는 것으로 보이지는 않았다. 나무 안에 숨결을 불어 넣는 것 같았다. 나는 일부러 청소 순서를 그쪽으로 잡았다. 작업실 앞을 지나며 눈을 몇 번 마주쳤지만, 제대로 말 한마디 나눠본 적이 없다.

오늘도 여전히 문이 반쯤 열려 있다. 안에서 나무가 갈리는 소리가 새어 나왔다. 소중한 편지를 천천히 읽는 것 같은 리듬이었다. 나는 망설이다 노크했다.

"잠시, 봐도 되겠습니까?"

그는 손에 든 조각칼을 내려놓고 문밖에 서 있는 나를 보더니 또 갈매기 눈으로 웃었다.

"물론이에요. 도와주실래요?"

"제가요? 아닙니다. 그냥 구경만 해도…."

그는 내게 목장갑과 조각칼 하나를 건네주며 말했다.

"나무는 말이 없지만, 가까이 들어 보면 마음이 느껴져요. 나뭇결을 보면서 조금씩 파내야 나무에 상처가 나지 않아요. 저를 보고 한 번 따라 해보세요."

나는 얼떨결에 조각칼을 손에 쥐고, 눈으로 나뭇결을 살폈다. 판판한 갈색 나무 위에 나무 옹이들이 저마다의 모양으로 물결쳤다. 겨울 햇살이 드문드문 들어오는 창 아래, 내 손 안의 나무 조각은 생명이 깃든 듯 따뜻했다. 나는 조각칼을 잡아본 적이 한 번도 없어서 서툴렀다. 옹이진 나무 조각들이 바닥으로 하나둘 튕겨 나갔고, 우리는 한참 동안 말없이 나무를 다듬었다. 점점 손이 아프고 몸에 열이 올라왔다. 난방이 약한데도 작업실은 춥지 않았다. 창을 통해 스며든 햇살이 바닥 위에 깔렸다. 나무에서 흘러나온 향은 내 가슴 깊은 곳을 간질였다.

한스는 다정하지만 과묵한 편이었다. 묻지 않고, 강요하지 않았고, 기다려 줬다. 나는 조각칼로 나무를 파내며 무언가를 만든다는 것은, 누군가에게 허락되지 않은 언어를 배우는 것과 같다고 생각했다.

"이건 하프예요. 미니 하프."

그가 옆 테이블에 있던 악기를 들고 왔다. 나는 이마에 맺힌 땀을 쓸어내고 고개를 끄덕였다. 하프를 직접 본 건 처음이라 신기했다.

"하프는 크기가 작은 것부터 연습하면 좋아요. 작아도 7개의 줄로 많은 곡을 연주할 수 있어요. 나무를 깎는 깊이가 깊을수록 울림이 큰 하프가 탄생 될 거예요."

그는 하프를 내려놓고 또 다른 테이블로 가더니, 거의 완성되어 가는 다른 하프에 쓱쓱 오일을 발랐다. 마른 천에 오일을 적셔 나무의 살결을 문지르는 작업이었다. 나는 옆으로 가서 손등에 오일을 묻혀봤다. 코끝에서 고소한 오일 향이 진하게 퍼졌다.

나는 조심스럽게 물었다.

"선생님은 왜 하프를 만드세요?"

그는 오일을 바르며 말했다.

"어린 시절엔 내 목소리가 어디 있는지 몰랐어요. 그러다 어느 날 음악회에 가서 하프 소리를 듣고, '이게, 나다'라고 생각했죠. 그 뒤로 미니 하프를 직접 만들게 됐어요."

그의 눈빛은 한없이 고요했다. 순간, 작업대 위에 있는 하프가 내 이름을 명명하는 것 같았다. 작은 악기가 내 마음을 투명하게 들여다보는 듯했다.

여느 때처럼 나는 기숙사로 들어가기 전, 다락을 찾았다. 다락은 병원에서 허가받지 않은 장소이다. 1970년대 지어진 낡은 소련식 아파트 꼭대기 층에나 있을 법한, 창문도 없고 전기조차 들어오지 않는, 적당한 널빤지로 덮은 기숙사 천장 위의 은밀한 공간이다. 매번 올라갈 때마다 문틈에 천을 끼우고, 신발을 벗고 살금살금 계단을 오른다. 나는 오늘도 몸을 숙이고 좁은 다락 입구로 들어갔다. 바닥이 삐걱대며 나를 반겼다. 다락은 숨이 멎을 정도로 추웠다. 그러나 이곳만큼 편안한 곳이 없다.

나는 두 손을 모으고 마음속으로 기도했다.

'오늘처럼만 살게 해주세요. 아무도 다치지 않게… 무탈하게….'

손등에서 지워지지 않은 오일 냄새가 나무 향과 섞여서 흙냄새가 났다. 나는 크게 호흡하며 공기를 들이마셨다. 그리고 두 손을 모은 채 오래도록 숨을 참았다. 숨을 참아도 숨이 쉬어지는 온전한 쉼의 공간. 낮은 천장 아래에서만큼은 내 생각조차 발각되지 않았고, 숨소리마저 낡은 나뭇결에 스며들었다. 내 마음이 머물도록 허락하신 이곳에서는 기도가 끝난 뒤에도 맞잡은 두 손이 쉽게 떨어지지 않았다. 무릎 아래로 시린 감각이 퍼졌다. 하늘에서 내 기도를 듣고 있다는 믿음으로 다락의 어둠을 붙들었다. 언젠가는 떳떳하게 기도할 수 있는 날이 오리라는 희망을 안고 두 손을 꽉 움켜쥐었다.

그때다.

"수진아!"

다락 입구에서 숨죽인 목소리가 들렸다. 나는 숨을 멈추고 몸을 웅크렸다. 병원 기숙사 안에서 다락이 있다는 사실을 아는 사람은 단 한 명, 정희뿐이다.

"수진아, 어서 내려와. 지금 기숙사 점검 나온대."

정희의 목소리는 낮고 긴박했다. 나는 반사적으로 나무판자를 밀고 서둘러 내려갔다.

"누가 왔어?"

그녀는 내 손을 잡아끌며 귓속말로 말했다.

"보안부 감시자 둘. 아까 병실 하나에서 문제가 생겼대. 무슨 전자 기기가 허가 없이 반입됐나 봐. 방마다 확인 중이래."

나는 재빨리 기숙사 건물 안으로 들어갔다. 아무 일도 없었다는 듯, 침대에 걸터앉았다.

잠시 뒤, 두 사람이 복도에 나타났다. 검은 구두 소리가 콘크리트 바닥을 두드리며 가까워졌다. 문이 열렸다.

"서류 확인하겠습니다."

나는 숨을 들이쉬고, 차분하게 의료 보조 인원 배정표와 개인 물품 검열 서류를 내밀었다. 그들은 방 안을 두리번거리더니, 의심 가득한 눈으로 침대 아래를 살피고, 서랍장을 일일이 열어봤다. 초조했던 순간이 지나고 문이 닫혔다. 또각또각

구두 소리가 멀어졌을 때 비로소 긴 숨을 토하듯 내쉬었다.

그날 밤, 깊이 잠이 들었다. 꿈속에서 나는 병원 마당에 서 있었다. 겨울인데 이상하리만치 따사로운 햇살이 살포시 내려앉았다. 멀리서 부드러운 하프 소리가 들려왔고, 선율이 낯설지 않았다. 나는 소리를 따라 건물 뒤편으로 향했다. 그곳에는 환자복을 입은 아이들이 원으로 둘러앉았고, 가운데 한스가 있었다. 그는 미니 하프를 무릎에 올려놓고 연주했다. 아이들은 조용히 숨을 죽이고 그의 연주에 귀 기울였다. 어떤 아이는 눈을 감은 채 입가에 미소를 머금었다. 나는 멀찍이 서서 바라봤다. 마치 이 세상에 내가 없던 시절의 어느 나른한 오후 같았다. 하프 소리가 내 안에서 크게 울려 퍼졌다. 그때, 정희가 뒤에서 내 손을 잡았다.

다음 날 아침, 기숙사 방 안은 새벽의 푸른빛이 돌았다. 창밖에서 바람에 실려 오는 먼 소음과 희미한 빛이 서로 엉켰다. 정희는 이미 일어나 이불을 정리하고 있었다. 나는 여전히 손끝에 남아 있던 나무 감촉과 하프의 여운을 더듬었다.

“오늘 한스 선생님이 마당에서 연주하신대.”

정희가 무심하게 말했다.

“어린이 병동 아이들이랑 같이.”

그녀의 말에 나도 모르게 침대에서 몸을 벌떡 일으켰다. 나는 최대한 눈에 띄지 않게 병원 뒤편 마당을 찾았다. 봉긋하게 솟은 흙길을 지나면, 감나무 몇 그루가 서 있는 뒤뜰이

나온다. 겨울의 나뭇가지들은 잎을 떨궜고, 어제 내린 비로 흙은 축축했다. 땅 위에 촘촘히 발자국들이 찍혀 있다.

한스는 나무 벤치 위에 앉아, 한 음 한 음 미니 하프의 줄을 튕겼다. 그의 높은 코가 찬 바람 탓인지 조금 벌그스름했다. 그의 곁에는 꿈속에서처럼 병원 아이들이 모여 앉아 옷깃을 여미고, 이내 귀를 기울였다. 하프 소리는 작았지만, 마치 종소리처럼 또렷하게 퍼졌다.

나는 아이들 뒤편에 멈춰 섰다. 내 앞쪽으로 정희의 아들 민호도 보였다. 나는 한 줄, 한 줄, 줄 위를 미끄러지는 그의 손끝을 쳐다봤다. 그는 단지 줄을 튕기는 것이 아니라, 오래전의 어떤 슬픔을 쓰다듬는 것처럼 보였다. 하프의 몸체가 햇빛을 받아 은은하게 반짝였고, 그가 연주하는 하프의 음들은 간절한 기도처럼 느껴졌다. 누구에게도 닿지 못한 목소리가 한 음씩 애달프게 흘러나오는 듯했다.

한스가 고개를 들었다. 그리고 나를 발견했다. 멀리서 마주친 그의 눈빛은 '당신도 들었나요?'라고 묻는 듯했다. 그의 연주는 부족함 하나 없이 다정했다.

아이 하나가 손을 들고 물었다.

"선생님, 이 소리는 어디서 나와요?"

그는 하프의 울림통을 가리키며 말했다.

"여기 나무 안에서요. 나무가 숲속에 있을 땐 아무 말도 하지 않았는데, 깎이고 다듬어지니까 나무 안에 있던 이야기가 이렇게 소리로 나오는 거예요."

아이들이 신기하다는 듯 바라보았다. 나는 멍하니 그의 말을 들으며 중얼거렸다.

'깎이고 다듬어질 때 비로소 소리가 난다.'

나 자신에게 들려주는 말처럼 들렸다.

다른 한 아이가 일어나더니 그의 옆에 바짝 다가가 물었다.

"나무가 울면 어떻게 돼요?"

그는 아이의 머리를 쓰다듬으며 말했다.

"그땐 우리가 나무 곁에서 들어줘야 해요."

아이들은 누구도 웃지 않고 고개를 끄덕끄덕했다. 하프 소리가 사라진 마당에는 겨울 햇빛만 남았고, 흙 내음이 진하게 났다. 나는 혼자 남아 마당을 걸으며 며칠 전 한스가 한 말을 생각했다. 한스는 여기서 지내는 동안 나에게 하프 하나를 완성해 보라고 했다. 하루에 주어진 시간이 길지 않아서 업무가 끝나면 매일 지하 작업실로 내려가 나무를 깎았다. 그래도 시간은 턱없이 부족했다. 다락에 갈 시간도 없었다. 나무를 깎는 동안만큼은 고통스러운 생각에서 멀어질 수 있었다. 나무를 깎는 것도 좋았지만, 병원에서 있는 듯 없는 듯 지냈던 나는 한스와 나누는 짧은 대화가 기다려졌다. 먼 곳까지 와서 아이들에게 희망을 주는 일에 그가 얼마나 진심인지 느껴졌다. 시간은 빠르게 흘렀고, 그를 볼 수 있는 시간도 두 달 남짓밖에 남지 않았다. 계절은 자기만의 속도로 움직였다.

정희는 A 병동 회의실 청소가 끝나고, 점심시간을 틈타 나를 구석으로 불러냈다.

"수진아, 너 자꾸 그렇게 멍하게 있으면 들킬 수도 있어."

그녀는 마른걸레를 손에 쥔 채, 내 얼굴을 똑바로 바라봤다.

"무슨 뜻이야?"

"너 요즘 한스 선생님한테 너무 집중하는 것 같아. 위험하다는 뜻이야."

그녀의 눈빛은 애틋한 염려를 담고 있었다. 하지만 선부른 경고가 썩 기분 좋지는 않았다. 그녀는 내가 병원에서 지내게 된 이유를 나보다 잘 알고 있는 사람이다. 나는 환자도 아니고, 의료진도 아니고, 어디에도 속할 수 없는 이름으로, 떠밀려 들어온 존재였다. 주어진 신분대로 이름을 감춰야 했고, 침묵 속에 조용히 살아야 했다. 이곳은 그런 사람들을 숨기기에는 적당히 복잡했고, 적당히 잊히는 곳이었다. 내 이름은 리수진이지만, 병원 명단에는 다른 이름이 올라가 있다. 정희는 한때 나와 같은 교회에 다녔다. 지하에서 낡은 성경책을 번갈아 읽고, 허기진 배를 쓸어내리며 함께 기도하던 밤들. 우리가 나누던 말들은 다시는 입 밖으로 꺼낼 수 없었다. 어느 날부터 끊겨 버린 공동체의 소식처럼. 단지 살아있는 것에 감사하며 살아야 할 뿐이다.

"다른 거 없어. 한스 선생님이랑 하프 만들고 있는 거야."

"그건 나도 지나가다가 봤어."

정희는 담담하게 말했다.

"그런데 있지, 수진아. 네가 뭘 만들고 있든, 결국 너 자신을 지키는 일이 먼저야."

"고맙다. 내 걱정하지 말고 너는 민호부터 챙겨."

말을 이어가고 싶지 않았다. 그녀는 어린 아들도 챙겨야 하고, 그녀의 진심을 알면서도 자꾸만 나를 현실로 이끄는 것 같아서 대화할수록 답답해진다. 그녀의 말을 곱씹었다. 그녀는 언제나 냉정한 말투로 나를 감쌌고, 감정 없는 얼굴로 나를 품었다. 소중한 사람들을 대하는 그녀만의 방식이다. 현실을 받아들이고 잘 지내고 있는 요즘, 모든 것들이 나를 어디론가 데려가려는 듯하다. 그러나 내 곁을 지켜주는 정희 때문에 한 발짝도 움직일 수 없는 현실을 또 체감하고 만다. 옴짝달싹할 수 없어질 때마다 숨이 막힌다.

오후 3시쯤, 병원 아이 중 한 명이 사라졌다는 이야기가 돌았다. 소문은 삽시간에 퍼졌다. 누구도 정확히 말하지 않았다. "그 방, 비었대", "아침에 이불이 걷혀 있었대", "이름표가 떼어졌대" 같은 말들이 복도 어귀에서 떠돌았다. 나는 소문을 외면했다. 점심시간이 지났을 무렵, 회의실에서 간호사가 했던 말이 생각나서 목덜미가 싸늘했다.

"최근에 외국인 출입 때문에 병원 감시가 심해졌대요. 서류에 조금이라도 이상 있으면 바로 불려 간다더라고요."

그녀는 종이에 스탬프를 찍으며 덧붙였다.

"특히 여기에 신원 미확인된 애들… 많잖아요. 위에서 내려온 지시라네요."

그날 이후, 기숙사의 공기는 무거워졌고, 누구도 쉽게 말을 꺼내지 않았다. 부모를 따라서 탈북에 나섰다가 실패하고 혼자 이곳으로 온 아이들. 평생 거처가 아닌 임시보호소 같은 이곳에서 무탈하기를 늘 기도했지만, 나는 밤마다 다락에 올라가는 일을 멈췄다. 한스와 마주치는 시간도 줄였다. 감시자들의 구두 소리가 복도를 지나갈 때마다, 심장이 쿵 하고 내려앉았다. 누군가는 남고, 누군가는 끌려가고, 누군가는 이름을 버리고 비루하게 살아남았다. 나 역시 그중 하나였다. 내가 살아남은 이유는 잘 모르겠다. 다만 이 병원, 이 이름, 이 복장, 정희가 아니었으면 나는 진작에 운명이다. 나는 끝까지 살아남기 위해 매일 들키지 않기를 기도할 뿐이다. 나의 기도가 하늘에 닿길 바랄 뿐이다.

며칠 뒤, 분위기가 괜찮아졌을 때쯤, 다시 한스의 작업실로 향했다. 그는 의외로 아무것도 묻지 않았다. 내가 오랜만에 문을 열고 들어섰을 때, 환한 미소로 말했다.

"기다리고 있었어요."

나는 무겁던 어깨를 내려놓고, 한숨을 내쉬었다. 며칠 만에 찾은 작업실은 여전히 나무 향으로 가득했다. 그는 내가 깎았던 나무 조각을 내 앞으로 밀어주고, 다른 나무를 가져와 사포질했다. 두꺼운 옹이들이 깎여 나갈 때마다, 어딘가에 감춰져 있던 기억들이 고개를 들었다. 나에게 나무를 깎는 시간은 슬픔을 해체하는 일이었다. 말하지 못했던 마음을 조금씩, 확실하게 덜어내는 일. 한스가 했던 말처럼 이 나무들은 한때 숲속에서 묵묵히 자리를 지키며, 바람에 흔들리고 비에 젖으며 조용히 살았을 것이다. 지금은 내 손 안에서, 새 생명으로 태어날 준비를 하고 있다. 나는 나무를 다듬으면서 두서없는 생각을 하다가 흘끔 한스를 바라보았다.

그는 어느새 내 맞은편에서 또 다른 나무를 다듬었다. 그의 손은 거칠어 보였고 상처가 많았다. 덧난 생채기 위에 상처가 더해져 언뜻언뜻 굳은살도 보였지만, 나무를 대하는 태도는 놀라울 만큼 섬세했다.

“한스, 하프를 만들면서 무슨 생각 하세요?”

“음… 그저, 소리 없는 것들에 대해서요.”

그의 말에 마음이 저렸다. 소리 없는 것들을 생각하는 마음은 어떤 마음일까, 나는 다시 조각칼을 쥐었다. 이번에는 한층 더 단단한 결로 파고들었다. 나무는 나처럼 말을 잃었다가, 이제야 저만의 소리를 준비하는 것 같았다. 어쩌면 하프는 악기가 아니라, 기억의 도구일지도 모른다. 삶의 무게로 깎여 나간 자리마다 울림이라는 빛이 들어오는 것일지도 모른다. 나는 손끝에 더욱 집중했다. 그리고 완성되지 않은 하프의 빈 울림 속에, 언젠가 나의 목소리로 삶을 연주하게 되길 바라는 마음을 남겼다.

한스는 나무를 사포질하는 방법과 오일을 바르고 말리는 방법, 나무에 7개의 작은 구멍을 내는 방법, 줄을 고르고 구멍에 끼워서 하프가 완성되는 마지막 작업까지 직접 보여줬다. 그가 했던 대로 나는 나무에 사포질을 반복했다. 거칠었던 나무 표면은 사포질할수록 매끄럽고 부드럽게 변했다. 나무 위에 붙은 나뭇가루들을 붓으로 쓸어내고 마른 천으로 오일을 발랐다.

오일이 마르는 동안 한스는 독일에서 가져온 수프를 끓였다. 작업실 한쪽에 놓인 전기포트와 스테인 냄비에서 허브 향이 은근했다. 창문 틈으로 흘러든 겨울바람이 나무 향과 뒤섞였다. 나는 사포에 남은 나무 조각을 털고, 그의 눈을 바라보았다.

"독일은… 지금쯤 어떤 계절이에요?"

"눈이 와요. 해가 짧아서 오후 4시가 넘으면 어두워지죠."

그는 말끝에 잔잔한 웃음을 띠었다. 수프가 보글거리는 소리와 사람의 말이 오가는 이 순간, 긴 겨울 끝에서 온기가 느껴졌다. 그가 머그잔에 수프를 담아 건넸다. 나는 양손으로 따뜻한 컵을 감쌌다. 수프에서 생강과 감자 향이 났다. 짠맛도 단맛도 뚜렷하지 않았고, 낯설면서도 익숙한 맛이다.

"먹어본 맛 같아요. 어디서인지 모르겠지만…."

"어때요, 맛이 괜찮아요? 기억은 뿌리처럼 눈에 보이지 않아도 깊숙이 남아 있잖아요. 잊었다고 해도 몸은 먼저 그 흔적을 더듬죠."

나는 수프를 한 모금 또 삼켰다. 순간, 작업실 문이 열리고 정희가 성큼성큼 들어왔다. 그녀의 얼굴은 상기된 표정이었다.

"여기 있을 줄 알았어. 잠깐 밖에서 이야기 좀 하자."

나는 그녀의 손에 붙들려 컵을 내려놓고 바로 일어섰다.

작업실 밖 복도를 따라 걸으며, 우리는 아무 말도 하지 않았다. 계단을 내려가 병원 뒷길로 향했다. 그녀는 담장 끝자락에 멈춰 섰고, 나는 그제야 물었다.

"왜 그래, 무슨 일 생겼어?"

그녀는 시선을 떨구더니, 다시 내 눈을 정면으로 보며 말했다.

"누가 민호를 따라다녔대. 어제 병원 식당에서 낯선 남자를 봤나 봐."

"감시자가 새로 또 온 거야? 여기가 무슨 군부대야!"

"확실치는 않아."

가슴이 허공으로 꺼져 내렸다. 이곳에서 민호는 가장 어렸다. 우리는 지하교회가 발각되고 새 신분을 받았지만, 민호는 신분증을 새로 만들지 못했다.

"수진아, 우린 지금 벼랑 끝에서 걷고 있는 거야. 너나 나나. 그런데 민호는 무슨 죄야. 아무것도 모르잖아."

나는 침묵했다.

그녀가 말한 '벼랑 끝'은 내 문제만이 아니었다. 정희는 나를 숨겨준 사람이었다. 그녀는 아이까지 지키며 모든 짐을 혼자 감당했다. 민호 아빠의 소식이 끊긴 지도 한참이다.

"지금이라도 멈춰. 하프고 뭐고, 다 멈추자. 네가 잘못되면, 나도 민호도 다 끝이야."

"정희야…."

나는 겨우 입을 열었다.

"내가 민호를 위험하게 하려던 게 아니야. 나는 그냥 일 끝나고 하프 만드는 걸 배울 뿐이야. 한스도 곧 독일로 돌아가는 데 무슨 일이 생긴다고 난리야."

"알아. 너 그런 사람 아닌 거 나도 알아. 그런데 정말 위험해 보여. 네가 다시 꿈을 꾸기 시작했으니까."

나는 아무 말도 할 수 없었다. 꿈을 꾸는 게 죄라면, 내가 죄를 짓고 있었던 건 맞다. 얼마 전 한스의 제안이 말도 안 되는 일이라고 생각해서 웃어넘겼지만, 사실 가고 싶었다. 목구멍이 따끔거렸다. 문득 한스가 나무에 구멍을 내던 모습이 머릿속을 스쳤다. 내 마음에도 구멍이 하나 더 생긴 것 같았다.

그녀도 말없이 서 있다가 입을 뗐다.

"수진아, 다락 말이야. 거기부터 빨리 정리하자."

나는 곧바로 이해하지 못했다.

"정리… 하자고?"

"없애. 그곳에 있던 거 전부. 천도 치우고, 성경도. 아무 흔적도 남기지 마."

가슴 안쪽이 메어왔다. 그곳은 내게 '숨' 같은 곳이다. 아무도 모르게 하나님께 마음을 내보였던 유일한 장소였다.

"너한테 어떤 의미인지 잘 알아. 하지만 세상이 큰 눈으로 우리를 보고 있어."

나는 무너지는 기분으로 고개를 저었다.

"거기서 나는 겨우 버텨왔어. 정리하자고 하지 마. 나한테 죽으라는 말 같아."

그녀는 한발 다가왔다.

"수진아, 우리 가슴에 묻자."

그녀는 내 어깨를 감싸며 말했다.

"민호도, 너도 살아남는 게 먼저야. 알아들어?"

힘이 쭉 빠졌다. 나에게서 다락을 걷어내면, 나는 이제 어디로 숨어야 할까. 기도마저 들키는 세상에서, 나는 어떻게 살아야 하지. 병원 담장을 넘어 바람이 불어왔다. 그녀의 말이 맞을지도 모른다. 살아남기 위해 믿음을 눌러 접어둘 시간일지도 모른다.

"그래, 없애자. 대신 앞으로 아무것도 간섭하지 마."

나는 망설이지 않고 다락으로 향했다. 선택의 여지는 남아있지 않았다. 혹시라도 어린 민호가 위험해지는 일은 나도 원치 않는다. 다락으로 가는 길이 마지막이라고 생각하니 마음에 돌이 박힌 것처럼 아프고 무거웠다. 다락문 앞에 섰다. 익숙한 나무 냄새가 문틈 사이로 번졌다. 천을 벗기고 사다리를 올랐다. 천장을 열고 몸을 구부려 다락 안으로 들어서자, 며칠 사이에 쌓인 먼지가 안개처럼 흩날렸다. 허리를 펴면 천장에 머리가 부딪칠 만큼 낮은 천장 아래, 나는 무릎을 꿇고 앉았다.

'하나님, 여기를 떠나려 합니다.'

그동안의 두려움과 망설임, 미안함, 동지들을 잃은 슬픔, 다시 살아가고자 하는 희망이 한 몸이 되어 뒤엉켰다.

'지금까지 숨 쉴 수 있게 해주셔서 감사합니다. 어디서든 당신을 잊지 않겠습니다.'

낡은 천 가방에 몇 권의 노트와 찢어진 성경책 한 권, 작고 투박한 목걸이 하나를 담았다. 그리고 다락에서 내려와 천을 다시 끼워 넣었다. 다시는 올라가지 않을 것이다.

나는 챙겨나온 짐들을 병원 뒤편 깊숙한 곳에 묻었다. 무언가를 묻는다는 건, 버리는 것과는 달랐다. 내 안의 한 시절을, 장례라도 치르듯 떠나보냈다. 눈물은 흐르지 않았다. 오히려 속이 말갛게 게워진 느낌이었다.

다음 날 저녁, 일을 마치고 지하로 내려가자, 한스는 변함없이 나무 앞에 앉아 있었다. 그 자리에 있는 것만으로도 나에게 위로가 됐다.

그가 고개를 돌려 나를 바라보았다.

"오늘은 조금 늦었네요."

나는 울컥한 마음을 누르고 미소로 대답했다.

"정리할 게 있어서요."

우리는 그동안 깎아온 나무를 사이에 두고 서로 마주 앉았다. 하프의 진동판을 다듬고, 구멍을 내고, 줄을 끼우는 마지막 작업까지 집중이 필요했다. 서툴지만 줄 하나하나를 매만질 때마다 내 마음도 단단해져 갔다. 줄을 다 끼운 뒤 그가 말했다.

"하프를 직접 울려 봐요. 수진 거예요."

나의 본명을 말한 적이 없어서 속으로 너무 놀랐다. 나는 아무렇지 않은 듯 미니 하프를 가슴에 품고 숨을 고르고 앉았다. 손가락으로 하프의 팽팽한 첫 번째 줄을 당겼다. 맑은 선율이 작업실 안을 가득 채우며 찬송처럼 퍼졌다. 이름도, 신분도, 모두 내려놓고 시작하는 새 생명의 소리 같았다. 7개의 줄을 한음 한음 차례대로 당기다가 나도 모르게 아리랑을 연주했다. 하프를 연주하면서 내 마음은 어느 때보다 편안했다.

Ich hoffe, dass Ihre Stimme mit dem Wind zurückkehrt.

당신의 목소리가 바람과 함께 돌아오길 바랍니다.

하프 뒷면에 한스가 조그마한 글씨로 문구를 새겨넣으며 말했다.

"전에 말한 거 생각해 봤어요? 독일에서 병원 아이들을 위한 새 프로젝트가 봄부터 시작돼요. 내가 초청장을 준비해 뒀어요."

그가 내민 봉투 안에는 공식 초청장이 들어있었다. 마음 안에서 두려움과 기대, 기도와 망설임이 동시에 일었다. 나는 천천히 말했다.

"꼭, 가겠어요."

"수진 씨가 자기 목소리로 살아가는 모습을, 독일에서 꼭 보고 싶어요."

그의 눈빛은 진지했다.

며칠 뒤 이른 아침, 병원 마당에 나갔더니 정희가 벌써 나와서 한스가 연주할 자리를 치우고 있었다. 밤이 지나간 공기는 얼음꽃의 숨결처럼 살갗을 시원하게 스쳤다. 그녀는 나를 보자마자 또 걱정부터 했다.

"날도 추운데 왜 겉옷도 안 걸치고 나왔어."

나는 아무 일도 없었다는 듯 그녀에게 팔짱을 꼈다.

"다락은 그날 다 정리했어."

그녀가 고개를 끄덕끄덕했다.

"민호한테 내가 해준 게 없어서 미니 하프 남겨주고 싶어. 내가 만든 거."

그녀는 또 아무 말도 없이 고개를 끄덕이더니, 팔짱을 빼고 나를 쳐다봤다.

"소식 들었어. 넌 꼭 살아. 그곳에서도."

그녀의 말은 되돌릴 수 없는 계절처럼 결심에 젖어 있었다.

나는 말없이 그녀를 안았다. 얼어붙은 마음이 짧은 순간 서로의 온기에 기대어 녹았다.

그때, 한스가 하프 2개를 들고 걸어왔다.

"오늘은 함께 연주해요,"

한스가 내가 만든 하프를 건네며 말했다. 그가 내게 건넨 건, 며칠 밤을 깎고 닦고 기도하며 완성한 나의 첫 하프였다. 손에 쥐는 순간, 차가운 나무토막에서 온도가 느껴졌다. 되돌리고 싶었던 기억들이 숨을 찾은 듯했다. 우리는 벤치에 나란히 앉아, 하프의 줄을 튕기기 시작했다. 한스의 손끝이 먼저

음을 이끌고 나아갔고, 나는 뒤를 따라가며 연습했다. 가늘고 여린 선율이 병원 마당에 퍼졌다. 마당을 감도는 멜로디가 눈발처럼 공중에서 반짝였고, 첫눈처럼 투명했다. 가슴 깊은 곳을 짓누르던 돌덩이가 부서져 가루처럼 흩어졌다.

아이들이 마당 끝에서부터 하나둘 모습을 드러냈다. 파란색 환자복에 긴 목도리를 두른 아이들이 서리 위를 또각또각 밟으며 다가왔다. 나는 아이들의 발소리를 들으며, 이곳을 떠난다는 사실이 실감 나기 시작했다. 민호도 손을 흔들며 나왔다.

시간이 한순간 멈춘 기분이었다. 하늘은 흐림과 맑음의 경계에서 머뭇거렸고, 하프의 음은 내 안의 깊고 어두운 곳을 쓰다듬었다. 그곳엔 아직 이름 붙이지 못한 슬픔과 말하지 못한 믿음이 있었다. 나는 오늘을 오래도록 간직할 것이다.

독일로 떠나는 날 아침, 나는 제일 먼저 민호를 찾았다. 아이들은 어린이용 농구대 앞에서 웃음꽃을 터뜨리며 뛰어다녔다. 그 사이에서 민호가 보였다.

"민호야."

내 부름에 고개를 든 민호가 밝게 외쳤다.

"이모!"

나는 환한 민호의 얼굴을 향해 걸음을 재촉했고, 아이들 무리에 휩쓸리듯 들어가 민호를 힘껏 끌어안았다. 작은 팔이 내 허리를 감싸왔다. 민호는 땀에 젖은 이마로 나를 올려다보며 웃었다. 말이 잠시 목에 맺혔다. 내게 허락된 짧은 작별이었다.

"이모가 민호한테 선물 하나 놓고 갈 거야."

"우와! 진짜요?"

"나중에 엄마가 줄 거야. 특별한 거야. 이모가 만든 하프. 너도 알지? 나무로 만든 거."

민호는 눈을 동그랗게 떴다.

"이모가 연주했던 거요?"

"응. 너한테 주고 싶어. 그냥 가끔, 마음이 편하지 않을 때, 하프 줄을 통 쳐봐."

민호가 무슨 뜻인지 의미를 다 헤아렸는지는 알 수 없었지만, 표정만큼은 진지했다.

"이모, 그럼 나중에 만나서 같이 해요. 이모랑 함께하고 싶어요."

나는 민호의 머리를 쓰다듬었다. 생각보다 쉽지 않은 이별이다.

나는 한스와 함께 공항으로 향하는 버스에 몸을 실었다. 창밖은 빠르게 지나갔고, 내 마음은 더디게 움직였다. 멀어지는 거리보다 선명하게 다가오는 것은, 남겨진 얼굴들이었다. 정희, 민호, 그리고 내가 버려야 했던 이름.

비행기에 탑승한 후, 비행기가 활주로를 달리기 시작하자 심장이 빠르게 뛰었다. 기내 안내 방송이 잔잔히 흘렀고, 엔

진의 굉음이 점점 세상을 밀어냈다. 눈꺼풀 너머로 빛이 스며들었고, 구름은 어느새 저만치 물러났다.

독일에 도착 후 며칠간 시차에 적응하느라 애를 먹었다. 한스 덕분에 독일 병원 기숙사 생활은 적응하기 수월했다. 오늘은 한스 덕분에 한 음악회에 초대받아 정신없이 외출 준비를 했다. 그가 소속된 예술치료 학회에서 주최하는 행사였다. 평양에서 기른 긴 머리를 이곳에 와서는 짧은 단발로 잘랐다. 잘린 머리카락만큼 마음도 한결 가벼워졌다. 내 인생에 4월의 음악회라니, 믿기지 않았다. 공연장은 고성의 역사 깊은 교회 안에 마련된 곳이라고 했다.

나는 긴장이 가시지 않은 얼굴로 검은 외투를 여미고, 홀 안으로 들어섰다. 스테인드글라스를 통해 들어오는 빛이 공연장 천장을 곱게 물들였다. 나는 모든 것이 신기해서 주변을 이리저리 살펴봤다. 연단 한가운데에는, 살면서 지금껏 본 적 없는 크기의 하프가 보였다. 우아한 곡선, 페달이 달린 다리, 금빛으로 감긴 줄들이 빛났다. 나는 한스를 뒤따라 자리를 잡고 나란히 옆에 앉았다. 나는 객석에 앉아서도 무대 중앙에 놓인 페달 하프에서 눈을 뗄 수 없었다. 거대한 하프의 울림통은 더 깊고, 더 크며, 더 명징했다.

연주가 시작되었다. 하프의 첫 음이 맑게 퍼졌다. 숨이 멎는 줄도 모르고 들었다. 이내 현악기들이 뒤따르며, 음악은 한 겹씩 겹치듯 웅장해졌다. 천장에서 거대한 물방울이 떨어지는 것처럼 내 마음의 바닥을 적셨다. 페달을 밟고 줄을 당기는 소리는 바람이 숲을 통과하는 듯싶었다. 나는 눈을 감았다. 그동안 말하지 못했던 이름과 기억들이 풀려나가며 나의 가슴을 휘돌아 지나갔다. 페달 하프의 긴 울림은 평양의 지하 작업실을 불러냈다. 다락의 어둠과 정희의 손등, 민호의 눈망울까지. 내가 감춰왔던 말들과 미처 끝맺지 못한 기도를 대신 채워줬다. 나는 내 안의 거룩한 침묵과 마주했다. 연주가 멈추고 눈을 떴을 때, 나도 모르게 왈칵 눈물이 쏟아졌다. 그건 슬픔이 아니었다. 사라지지 않을 감사의 고요한 울림이었다. 방울방울 떨군 지금의 눈물은 내가 여전히 살아 있다는 징표였다. 낯선 땅에서도 믿음을 붙잡고, 나 자신으로 버텨내고 있다는 확신이었다.

북한 의과 대학

북한은 보건의료인을 상등보건일군과 중등보건일군, 보조의료일군 등 세 가지 일군으로 구분하고 있다. 상등보건일군에 해당하는 보건의료인은 의사와 고려의사(한의사), 구강의사(치과의사), 약제사(약사), 위생의사 등이다. 상등보건일군 중 핵심축인 의사 양성은 총 세 가지 양성기관에서 이뤄진다. 양성기관은 11개 의학대학을 비롯해 군의대학, 의학단과대학 등으로 11개 의학대학은 6년제이며 군의대학은 5년제, 의학단과대학은 4-5년제다.

의학대학에서의 교육은 전체적으로 기초의학과 임상의학 교육을 진행하며 우리나라와 마찬가지로 강의와 임상실습을 병행한다. 임상 훈련 역시 한국과 마찬가지로 국내 상급종합병원 격인 대학병원이나 각 지역 대표 의료기관에서 수행한다. 다만, 한국과 다른 점은 기초의학 부분에서 김일성 주체

사상, 당정책, 혁명력사 등을 배운다는 것이다.

의학대학을 졸업한 졸업생들은 졸업과 동시에 의사 자격이 부여되며 재학 중에 의사자격에 필요한 과목별 시험에 합격해야 한다. 의사 외에 고려의사(한의사)는 의학대학 고려의학부(동의학부)에서 수학하며 수학기간은 6년이다. 특이한 점은 북한에서 고려의사가 산부인과 역할도 할 수 있다는 점이다. 북한 지역사회의 일차의료 인력인 위생의사는 의학대학 위생학부에서 5년 6개월간 양성되며, 치과의사인 구강의사는 의학대학 구강학부에서 5년 6개월 수학한다. 어려운 북한 의료체계 내에서도 북한 의대생은 한국과 마찬가지로 최고 엘리트 집단으로 알려져 있다. 간호사는 보조의료일군으로 구분돼 11개 보건간부학교(2년)와 간호학교(1년) 및 각 시·군별 간호사 양성소(6개월)에서 양성된다.

약제사(약사)는 의학대학 약학부와 고려약학대학(구함흥약학대학), 사리원고려약학단과대학 등 3개 양성기관에서 각각 6년, 5년, 4년간 양성되는데 6년제인 고려약학대학(구 함흥약학대학)과 평양의학대학 등에는 의료기구학부, 약제학부 등이 있고 각 학부는 수개의 과로 나뉜다.

북한의 보건의료정책을 전체적으로 살펴보면, 기본적으로 '전반적 무상치료제'와 '예방의학', '의사담당구역제' 등을 표방하고 있다. 이는 북한이 국가주도형 보건의료체계를 만들면서 구축한 것으로써 북한 사회주의헌법 제56조에 형식적으로 명시돼 있다. 다만, 통일부는 북한의 보건의료체계가 1990년대 구 소련 체제의 붕괴와 함께 사실상 과다한 의료대상, 넓은 진료범위, 의약품 부족 등으로 대부분 형식적 진료행위에 그치고 있는 실정이라고 밝혔다.[1]

1 「북한 의대 6년 … 의사는 영예로운 혁명가」, 《의사신문》, 2018.7.13.

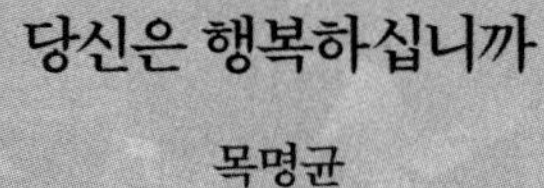

당신은 행복하십니까

목명균

"몇 개의 기획서를 추가로 주시면 감사하겠습니다."

K 팀장은 친절하면서도 정중하게 의견을 전달했다.

나는 스케치를 들추어보았다. 얼핏 보면 단순한 산수화 같지만, 길은 바위로 막혀 끊겨 버렸고, 등장하는 사람들의 얼굴은 뭉개져 있다. 자신의 목소리를 내지 못하는 군중이 되어 버린 모습을 표현하고 싶었다.

"무슨 말씀인지는 알겠는데, 자극이 약하네요. 저희는 자유로운 이미지를 원합니다. 사람들은 인내심이 없지 않습니까. 한눈에 사로잡아야 해요."

나의 성향과 반대되는 K 팀장의 말 때문이 아니라, 아이디어의 한계를 느끼면서 언짢아졌다. 동양화에서 도대체 어떠한 자극을 원한단 말인가. 물론 내가 동양화와 더불어 개념미술을 다루기에 신라은행 문화사업팀에서 연락해 온 것이 맞다. 그러나 지금 나의 작품처럼 산수화 속에 몇 개의 장치를 하는 것은 천천히 바라볼 때 찾아낼 수 있다. 한눈에 사로잡을 자극이라. 자극이 이로운 예술이 될까?

신라은행은 돈을 다룬다는 차가운 이미지에서 벗어나 대중에게 친근하게 다가가길 원했다. 기업이 미술과 손잡고 성공한 사례는 많다. 많다는 건 성공 확률이 높다는 것이다. '신라'라는 고전적 이름과 어우러지기에 동양화가 적합하였고, 그러한 동양화를 기반으로 개념미술을 하는 자유로운 작가로 내가 선정되었다. 그러나 한 기업의 미래를 바꾸는 데 일조한다는 것은 커다란 무게로 다가왔다.

갈피를 잡지 못하다 보니, 나의 예술관이 방향을 정하도록 영감을 주며 큰 부분을 차지했던 중국이 떠올랐다. 그리고 어제 신라은행으로부터 이메일이 도착하고 항공권을 충동적으로 구매했다.

주말의 공항은 부산스러웠다. 탑승 안내 방송이 이어지는데, 사람들은 들뜬 얼굴에 바쁜 모습으로 오가며 짐을 부친다. 나 홀로 도피하는 모양새다. 멍하니 발 옆에 놓인 캐리어를 바라본다. 모든 감각이 정체되는 느낌이다.

'중국에 다녀오면 나아질까?'

그동안 표면적 성공을 위해 앞만 보고 달려왔다. 좋은 학교에서 학위를 따고, 공모전에서 수상하고, 많은 곳에서 전시 이력을 쌓는 것. 사람 사는 세상에서 올라가려는 욕구가 잘못되었다고 말할 수는 없지만, 예술은 이로워야 한다는 생각이 점차 커지고 있다. 물론 외형적인 아름다움도 감동을 준다. 어쩌면 예술이 존재한다는 것 자체만으로도 인간에게는 이롭다 할 수 있다. 아름다우면서도 정보를 전달한다던가 깨달음을 일으킨다면 더할 나위 없이 좋을 테다. 타인에게 영향을 미친다는 것 또한 욕심일지 모르나 이루고 싶은 목표가 되었다. 그러나 이 아름다운 목표는 끝내 나를 괴롭히고 있다.

중국에서의 유학 시절 동양미술 수업을 받던 중 은유의 미학에 빠져들게 되었다. 학부에서 서양화를 전공한 나는 채우는 게 버릇이었다. 무엇을 어떻게 그려야 할지 고민하는 내게 교수님은 늘 "무엇을 비워두었냐?"라고 질문했다. 물감을 쌓아가던 방식에서 벗어나 먹의 번짐과 흐림을 사용하면서 여운을 남기기 시작했다. 많은 것을 끌어안기에 은유는 훌륭한 통로였다.

중국은 대륙의 상징인 만큼 많은 것이 가능한 곳이기도 하지만, 여러 측면에서 통제가 있는 나라다. 특히 신을 믿는 자유가 없다고 들었다. 풍성한 자본과 통제라는 아이러니에서 해답을 찾고 은유적 작업을 할 수 있을지 모른다. 부디 나의 작은 희망이 어그러지지 않기를.

풀리지 않는 작업으로 마음이 무거웠던 나는 호텔이 아닌 청구 예술 단지로 곧장 향했다. 이곳은 푸를 靑과 예 舊를 합쳐 이름 지어졌다. 오래된 건물이 예술로 새롭게 된다는 의미를 담고 있어, 아이디어에 도움이 될 거라는 기대가 있었다. 폐공장을 활용한 전시장답게 노출된 콘크리트 벽과 층고가 높은 공간에서 예술가들의 활기가 느껴졌다. 광장에는 조형물들이 세워져 있고, 붉은 벽돌로 이루어진 벽에 다채로운 색의 글씨와 형태가 춤추고 있었다.

요즘의 중국은 환경이나 소비문화, 젠더 문제 같은 비정치적 주제 면에서는 작가들이 자신의 목소리를 내는 추세다. 단, 직접적인 저항은 아직 금기시되기 때문에 해석이 애매한 작업이 이루어지고 있다. 자유를 향한 갈망은 크든 작든, 여러 가지 모습으로 분출되는 것이다.

폐벽돌로 쌓아 만든 입구를 흰 천으로 막고 있는 작품은 새로운 세상이 열리는 모양으로 보이지만, 들어설 수 없는 현실을 보여주는 듯했다. 작가가 말하는 새로운 세상이 무엇인지 유추할 수는 있으나 당국에서 직접적으로 제지할 수는 없을 것이다. 다음 동으로 이동하니 공중에 매달린 100여 장의 빈 종이에 일정한 속도로 물방울이 떨어지고 있었다. 종이에 닿은 물방울은 서서히 번져갔다. 해석은 관객에게 넘긴다. 나는 그들이 입 밖으로 내지 못하는 기억과 슬픔을 떠올려 보았다. 침묵은 어떠한 형식으로든 옅은 소리를 낼 것이다.

천천히 걸으며 풍경을 스케치하고 있을 때, 하나의 텍스트가 눈에 들어왔다.

〈 당신은 행복하십니까 〉

이 작품은 안전하지 못했던 칠레에서 행해진 동명의 프로젝트를 오마주하고 있었다. 1979년 알프레도 자르는 피노체트 독재하에 살고 있던 국민에게 직접적인 질문 대신 행복에 관해 물어보면서 그들이 처한 현실을 직시하게 하였다. 시대적 분위기나 사상을 담고 있는 작품을 제작하면 쥐도 새도 모르게 끌려가던 시대였다. 그러나 예술은 시대를 반영할 수밖에 없다. 예술가들은 벽에 그림을 그린 후 도망쳤고, 국가는 지웠다. 경찰이 오기 전에 몸을 숨겨야 했기에 퍼포먼스 또한 신속히 마친 후 사진으로나마 남기는 게 전부였다. 이러한 이유로 칠레에는 회화가 많이 남아있지 않다. 알프레도 자르 또한 참여 예술로 검열을 피하면서 억압된 이들에게 자유를 불어 넣기로 했다. 그의 질문을 본 국민은 자신들이 행복하지 않은 이유의 근원을 찾아 거슬러 올라가다가 피노체트에서 멈추었다.

칠레 국민에게 질문을 던지던 프로젝트는 억압된 다른 곳에서 챌린지처럼 이어졌다. 그리고 중국에 도달했을 때, 도피하다시피 건너온 한국인에게도 생각을 일으켰다.

나무로 만든 입간판에 페인트로 적은 글씨를 본 순간, 나는 마음속으로 대답을 찾고 있었다. 나는 행복한가. 어떠한 종류, 어떠한 수준에서의 행복인가. 한참을 망설였지만 곧 깨달았다. 마음만 먹는다면 애매한 해석을 요하지 않는 작업을 할 수 있다. 작가로서의 나는 자유로우며 행복하다. 인간으로서의 나는 행복한가. 그렇지 않다면 이유는 무엇인가. 나를 포함한 모든 이들은 시한부이다. 죽음에서 자유롭지 못한 것이다.

작품에 관한 생각을 정리하고자 청구 예술단지 근처에 자리한 단단공원을 찾았다. 공원의 나무는 잎이 무성했지만 관리가 잘되지 않는 듯 흐트러진 모습이었다. 칠이 벗겨진 운동기구는 비어 있었고, 멍한 표정의 노인들이 많았다. 빛보다 그림자가 많은 공원이었다. 낡은 벤치에 앉아 크로키북에 행복에 대해 끄적였다. 행복에서 풍족함, 평화, 자유 등 많은 단어가 가지처럼 이어져 나왔다. 멀리서 멧비둘기의 울음소리가 들려오고, 공원 한편에 까치가 종종거렸다. 아무런 문제 없이 고요해 보이는 풍경이었지만, 자유에까지 생각이 다다른 나는 검열하는 사람이나 카메라가 있지는 않을까 주변을 의식했다.

그때, 한 중년 남성이 책 한 권을 들고, 벤치에 앉아 있는 노인에게 다가갔다. 그는 한국인으로 보였다.

"제가 중국어를 잘 몰라서 그런데, 이 부분을 좀 읽어 주시겠어요?"

한국인이 유창한 중국어를 하며 책 읽기를 부탁하는 모습이 흥미로워 그들을 지켜보았다.

노인은 흔쾌히 책을 받아 들고 읽기 시작했다.

"무슨 책인가요?"

"성경입니다."

"이게 말로만 듣던 성경인가요?"

나의 스케치가 완성될 때쯤, 두 사람은 공원 밖으로 걸어나갔다.

숙소에 돌아와서도 그들이 떠올랐다. 어디로 갔을까. 노인은 그 책에서 무언가를 찾았을까. 남자의 정체는 무엇일까.

다음 날, 나는 다시 공원으로 향했다. 무엇을 기대했는지 알 수 없다. 노인의 안위나 변화가 궁금하기보다는 내가 그토록 찾던 자유를 확인하고 싶었는지 모르겠다. 이런 마음을 들키기라도 할까 봐 크로키북을 꺼내어 눈앞의 풍경을 급히 끄적였다.

"제가 중국어를 잘 몰라서 그런데, 이 부분을 좀 읽어 주시겠어요?"

아무 말 없이 책을 받아서 들었다. 나의 시선은 그의 손가락을 따라갔다.

"진리를 알지니 진리가 너희를 자유케 하리라."

진리는 무엇이기에 자유를 줄 수 있을까. 그 영역에 예술이 포함된다면 나의 작업에도 해답을 줄 수 있을까. 애초에 진리가 왜 필요한 것일까. 근원에 문제가 생겨서일까. 그렇다면 어디에서부터 실마리를 풀어야 할까.

"요한복음 8장 32절입니다. 한국분이죠?"

그는 나를 이미 알아보았다. 나의 호기심을 눈치챘고, 대답해 줄 생각으로 다가온 것이다.

"아, 저는 작가이고, 풍경을 담고 있어요. 그러던 중에 어제 대화하시는 모습을 봤어요."

"멋지네요. 어떤 풍경을 담으시나요?"

나는 멈칫했다. 눈에 보이지 않는 것을 설명하기 어려웠다. 오랫동안 이어져 온 역사와 개인의 감정, 그리고 자유를.

"보이지 않는 것을 담아야 해요. 말하기 어려운 것들이요."

그와 이야기를 나누다 보니 너희, 곧 다수의 인간을 자유케 할 수 있다는 것. 진리가 가진 힘의 크기가 가늠 안 되었다.

"시간이 되신다면 저와 함께 가시겠습니까? 그림으로 담을 풍경이 기다리고 있을지도 모르죠."

"종교 모임인가요?"

"진리를 찾는 이들의 모임입니다."

내가 망설이자, 그는 쪽지를 주고 떠났다. 사각의 종이에 아무런 정보 없이 주소만 덩그러니 적혀있었다. 정확한 시간을 알려주지 않았기에 산책을 핑계 삼아 걷기로 했다. 사람이 많고 넓은 베이징 거리를 상상했지만, 주소지를 향해 갈수록 식당과 철물점 등 오래된 가게들이 늘어서면서 길이 좁아졌다. 그러고는 평범한 주택가로 접어들었다. 소음이 사그라들고 가로등 빛이 조용히 거리를 비추었다. 나는 괜스레 긴장하여 지나가는 오토바이 소리에도 깜짝 놀랐다. 내비게이션은 페인트가 벗겨지고 오래된 건물 앞에서 멈추었다. 3층 높이에 에어컨 실외기가 다닥다닥 붙어 있는 평범한 건물이었다. 전봇대에 걸린 '조화로운 사회를 위해 질서를 지킵시다'라는 문구가 따갑게 느껴져 숨을 죽이고 지하로 내려갔다.

아무런 소리가 나지 않아 의아해하며 조심스럽게 노크하니 문이 열렸다. 나를 초대한 남자가 앞에 서서 설교 중인 모양이었다. 좁은 방에 20명 정도 되는 사람들이 모여 앉아 있었는데, 특이한 점은 장판이 깔린 바닥에서 모두 신발을 신고 있다는 것이었다. 가정집의 구조이지만 용도는 전혀 다른 이곳에서 무슨 일이라도 생기면 바로 뛰어나갈 채비를 한 것처럼 여겨졌다. 내가 들어서면서 경직되었던 근육들이 편안하게 풀어졌다. 방해꾼이 된 것 같아 허리를 굽힌 채, 사람들을 겨우 비집고 지나가 가장 뒤에 쪼그려 앉았다.

형광등이 있음에도 조그만 스탠드만이 어슴푸레한 빛을 내고, 장마철의 습기와 사람들의 체취가 뒤섞여 있었다. 남자는 사장으로 불렸는데, 선교사의 직분을 감추기 위함 같았다. 그는 나를 자유를 찾아온 나그네로 소개했다. 공원에서 본 노인과 눈이 마주쳤다. 그는 편안한 미소를 지었다.

자유로운 진행을 보니 정해진 예배 시간은 아닌 듯했다.

"나는 10시간 걸려서 왔어요."

"오늘이 꼬박 사흘째예요."

선교사가 왔다는 소식에 먼 곳에서부터 사람들이 찾아들었고, 소중한 시간을 놓칠 수 없기에 피로를 잊은 채 몇 날 며칠 동안 말씀을 듣고 들었다. 그들은 성경 없이 암기한 것을 되뇌었다.

"생각하건대, 현재의 고난은 장차 우리에게 나타날 영광과 비교할 수 없도다(롬 8:18)."

나는 무릎을 모으고 크로키북을 펼쳤다. 그리고 조용히 녹음 버튼을 눌렀다. 타인의 삶을 나의 작업을 위해 사용한다는 미안함이 일었다. 그러나 검열을 피할 수 없는 세상에서의 삶을 기록하면 그 안에서 자유에 대한 갈망을 찾을 수 있을 거라 생각했다.

선교사는 사도 바울이 끝없이 죽음의 문턱까지 갔음을 말했다. 그는 추위와 굶주림에 시달렸고, 편히 잘 수 없는 건 당연했으며, 쫓기고 돌팔매질에 죽을 뻔했다. 산이든 바다든 온통 죽음이었다. 그리고 결국은 참수형 당했다. 그러나 바울은 금과 은 없어도 하늘의 금고가 풍족하게 쌓여 있음을, 현재의 고난은 나중의 영광과 비교할 수 없이 행복할 것임을 믿었다.

선교사의 설교 후 간증이 이어졌다. 공원에서의 노인이 말했다.

"세상이 감옥이라 여겼습니다. 이제 살날이 얼마 남지 않았다고 생각하니 그렇게 허무할 수가 없네요. 그동안 가난하고 아프고 억압받았습니다. 내가 존재하는 이유를 찾고 싶었고, 나를 만든 이가 있다면 그분의 뜻이 있겠다고 생각하게 됐습니다."

가난한 자만 생의 끝에서 허무함을 느낄까. 자신이 원해서 태어난 사람은 없다. 그러나 생명을 연장하기 위해 부지런히 숨 쉬고 달려야 한다. 잠시 멈추었을 때 밀려드는 허무함이 두려워 다시 달리기도 한다. 부유한 자도 권태로움에 세상을 등진다는 뉴스가 들려오기도 한다. 죽음은 누구에게나 공평하게 찾아오지만, 그것을 어떻게 받아들여야 할까.

다리가 저렸다. 좁은 공간에서 어떻게든 몸을 조금씩 움직이며 피로를 풀어야 했는데, 사람들은 좀처럼 지치지 않았다. 그들은 소리를 죽여 찬양하기 시작했다. 혀가 입천장에 닿지 못하며 새어 나오는 소리가 합쳐져 공기 중에 사각거렸다.

"나의 갈 길 다 가도록 예수 인도하시니 내 주 안에 있는 긍휼 어찌 의심하리오. 믿음으로 사는 자는 하늘 위로받겠네. 무슨 일을 만나든지 만사형통하리라."

나는 묵묵히 그 모습을 연필로 그렸다.

"쉿! 발소리예요!"

순식간에 우리는 공기와 함께 얼어붙었다. 주위를 빠르게 훑어보았다. 많은 이들이 모여있는 것이 수상하나 방안에 성경이나 오해받을 물건은 없었다. 그러나 나의 시선이 방의 구석구석을 지나 나에게 돌아온 순간, 몸이 뜨거워지고, 피가 머리로 쏠렸다. 핸드폰에 모든 상황이 생생하게 녹음되고 있었기 때문이다.

정지 버튼을 누르는 것조차도 손이 덜덜 떨려 마음대로 되지 않았다. 삭제해야 한다. 그렇게 되면 내 기록은? 전시는? 짧은 시간 수많은 생각이 엉겨 붙었다.

문이 덜컹거렸다. 손잡이를 거칠게 흔드는 소리에 두려움은 커져만 갔다. 전송하고 삭제하면 되겠지. 하지만 중국에서 한국 메신저나 이메일은 차단되어 있다. 머릿속이 더 하얘졌다. 문자! 문자로 보내자.

공안이 내 앞에 오기까지 전송이 길어지거나 실패할 수 있다. 그때, 지난 전시에서 작품 설명을 위해 사용했던 QR코드 생성기가 떠올랐다. 아주 안전하다고는 할 수 없지만, QR코드로 변환하면 음성파일보다는 덜 위험할 것이다.

"공안이다! 문 열어!"

변환되는 시간은 너무도 길게 느껴졌다. 두 명의 공안이 들어왔다. 진정되지 않는 손으로 온 힘을 다해 가까스로 QR코드로 변환했고, 이를 K 팀장에게 전송하는 데 성공했다. 공안 중 한 명은 문 앞을 지키고, 다른 한 명이 앞쪽에서부터 거친 표정으로 움직여왔다. 녹음파일을 삭제하는 나와 공안의 눈이 마주쳤다. 심장 소리가 밖으로 들릴 만큼 두근거렸다.

"안에서 뭘 했나? 불법 집회인가?"

공안은 나의 행동이 수상했는지 핸드폰부터 검열하기 시작했다. 그의 손가락은 느리지만 집요하게 움직였고, 이윽고 눈썹이 사납게 올라갔다.

"저는 한국에서 온 화가입니다. 전시 준비를 위해 주민들을 인터뷰하는 중입니다."

"전시? 어떤 내용이지?"

그는 크로키북을 낚아채 갔다. 그 안에는 입이 없는 인물들이 무표정이 나열되어 있었다. 나는 떨리는 목소리를 누르고 침착한 표정을 지으며 겨우 말을 이어갔다.

"저는 인간 군상의 공통점을 찾습니다. 반복되는 일상에서 표현되지 않은 감정을 그리고 있습니다."

그는 말없이 그림을 응시했다. 눈치챘을지도 모른다. 마른 목으로 침이 넘어가려 했다.

"그럼 됐어. 조용히 그림만 그리도록."

공안들이 나간 후에도 침묵은 계속됐다. 나는 온몸에 맥

이 풀리면서 쓰러지듯 벽에 기대었다. 손은 여전히 떨렸다.

"하나님은 우리의 피난처시오. 힘이시니 환난 중에 만날 큰 도움이시라. 그러므로 땅이 변하든지 산이 흔들려 바다 가운데에 빠지든지 바닷물이 솟아나고 뛰놀든지 그것이 넘침으로 산이 흔들릴지라도 우리는 두려워하지 아니하리로다. (시 46:1-3)"

성경을 읊는 선교사의 목소리에 눈물이 흘렀다. 내가 그들 모두를 위험에 빠뜨릴 뻔했다는 사실이 죄스러웠고, 이렇게 어려운 상황 속에서도 말씀을 붙잡고자 하는 모습에서 경외감이 일었기 때문이다.

"이렇게 위험한데도 왜…."

"숨을 쉬기 위해서 모입니다. 2천 년 전이나 지금이나 다르지 않습니다.

길가에 앉아 있던 맹인 거지 바디매오는 사람들 틈에서 소리쳤습니다. '다윗의 자손 예수여, 나를 불쌍히 여기소서!' 사람들은 그를 조용히 시키려 했지만 주님은 들으셨습니다. 또 지붕을 뜯고 친구들이 중풍 병자를 내렸을 때, 예수님은 그 믿음을 보시고 그에게 자유를 주셨습니다. 이 땅에서 우리는 외롭고 죽어갑니다. 참 자유와 행복을 원치 않으세요? 그분은 우리를 위해 기도하십니다."

위험에서 벗어나 별 일없이 사는 것보다 이러한 삶을 행복하다고 할 수 있을까? 내 마음속 질문에 답변이라도 하듯 한 여자 성도가 입을 열었다.

"나는 교사였어요. 하루는 학생이 십자가 목걸이를 하고 왔어요. 위험하니 얼른 빼라고 했죠. 그런데 10살 먹은 아이가 뭐라고 한 줄 아세요? 선생님은 행복하냐는 거예요. 대답하지 못했습니다. 그 이후에 학생을 통해 성경을 조금씩 봤어요. '수고하고 무거운 짐 진 자들아 다 내게로 오라 내가 너희를 쉬게 하리라' 예수님의 말씀을 보는 순간, 평생 져온 짐들을 내려놓을 수 있다는 희망이 보였어요. 누구에게도 말하지 않았지만, 이상한 눈초리에 지금은 해직한 상태입니다. 마음만은 자유로워요. 무섭기도 하죠. 그렇지만 숨 쉴 수 있으니까요. 그분께서 지켜주실 거예요."

중국에서 종교활동을 하다가 적발될 때, 작게는 벌금 부과에서부터 감시 대상으로 등록되고, 형사처벌 및 사상 전환 교육 캠프로 보내지기도 한다. 지금도 장기 수감과 이어지는 고문에 소리 없이 사라지는 이들이 있다.

선교사 또한 국가 전복 선동죄 또는 사회 질서 교란 혐의를 받은 적이 있다.

"옌타이에 머물고 있을 때였습니다. 공안과 가까운 지인이 전해주더군요. 지금 집으로 돌아가면 바로 체포된다고요. 잡히면 추방은 물론이고, 저와 연결된 중국의 성도들이 다칠 수도 있었습니다. 그래서 아내에게 전화를 걸어 서둘러 짐을 꾸렸습니다. 저희는 늘 짐이 많지 않습니다. 언제든 떠날 준비를 하고 사니까요. 그렇게 아내와 만나 곧장 배를 타고 청도로 향했습니다. 네댓 시간이 걸렸습니다. 그런데 이미 그곳엔 저희를 기다리는 이들이 있었습니다. 한 집사님이 간절히 기도하며 말씀을 가르쳐 줄 사람을 보내 달라고 구하고 있었다고 합니다. 사람의 머리로 아무리 계획해도 생각지 못한 방법으로 하나님은 길을 여십니다. 그렇게 필요가 있는 곳으로 우리를 이끌어 주셨습니다."

숨 쉴 수 있다는 것은 모두에게 허락된 것이 아니었다. 그러나 그들의 표정은 평화로웠다. 무엇이 행복을 주는지 막연하게나마 알 듯싶었다. 나는 다시 자신에게 질문했다. 당신은 행복하십니까?

숙소로 돌아와 크로키북을 펼쳤다. 꾹 닫은 입과 스탠드 불빛에 어리는 교인들의 그림자, 텍스트 없이 이어지는 설교. 나는 그들의 귀를 더 강조하여 그렸다. 그들의 고난과 자유에 연대를 느끼고 싶었다.

"작가님, QR코드 잘 받았습니다. 어떻게 펼쳐질지 기대됩니다."

K 팀장은 이곳에서의 긴박감이라던가, 안전에 대한 우려를 생각지 못한 듯했다. 자유 속에 있는 자는 숨죽인 공포를 모르는 게 당연하다. 나 또한 눈으로 보고 그곳에 함께 했기에 알게 되었고, 그마저도 일부에 속할 테다.

내 손에는 선교사가 준 쪽지가 쥐여있다. 누군가의 어려움을 보고 이대로 떠나는 게 맞는 것인지 고민했다. 나도 모르게 타인을 위한 기도를 하고 있었다.

"지구와 인간의 생성, 그리고 삶의 의미를 알고 싶었습니다. 삶이 고통이기에 그것에서 벗어나고자 예술을 사용하고 희망을 찾아 헤맸습니다. 그런데 당신이 행복을 주신다고 하네요. 그들을 지켜주세요. 숨죽인 채 자유를 전하는 이들이 안전하게 오래도록 살아갈 수 있게."

다음 날 공항으로 떠나기 전, 공원으로 갔다. 선교사가 벤치에서 시간을 때우는 사람에게 책을 건넸다.

"여호와의 말씀이니라. 너희를 향한 나의 생각을 내가 아나니 평안이요. 재앙이 아니니라. 너희에게 미래와 희망을 주는 것이니라."

남자는 잠시 멈추었다가 책을 들여다보았다.

"어떤 평안이지요?"

"세상이 줄 수 있는 평안은 한정적이지만, 그분께서 주시는 평안은 깊고 넓습니다."

그는 고개를 들었다가 책을 덮었고, 떨리는 손으로 쓰다듬었다. 나는 마지막까지 관찰하며 그렸다.

"어머니가 예수를 믿었어요. 나는 너무 불안했어요. 불안함은 불편함이 되어 어머니 몰래 책을 불태우기도 했습니다. 돌아가신 후 수첩을 발견했는데, 아들을 위한 기도가 쓰여 있었어요."

"뭐라고 쓰여 있었나요?"

"당신께 맡긴다고…."

억압 속에서도 매일 자유가 전달되고 있다. 행복을 향한 선택은 그들의 몫이다. 연락처를 전달한 선교사는 내게 왔다.

그는 연필 한 자루를 주며 말했다.

“우리를 위해 기도해 주세요. 당신이 그분의 도구가 되기를 기도하겠습니다.”

“사장님은 이곳에서 지내는 게 행복하세요?”

“죄에서 자유함을 얻었으니 행복하지요.”

그의 대답을 들으면서, 내가 그들을 위해 직접적으로 일을 할 수 있는 용기는 부족하지만, 질문하는 사람은 될 수 있겠다는 생각이 들었다.

전시장에는 많은 관객이 모였다. 돈을 다루는 인지도 높은 은행이 참여형 전시회를 연다는 기사가 보도되었고, 최근 젊은이들이 직접 체험하고 사진이나 영상으로 남길 수 있는 형식이 인기를 끌기에 단시간에 소문이 난 것이다.

드로잉과 음향 기반 전시이기 때문에 밋밋하지 않도록 디스플레이에 신경을 썼다. 3개의 코너로 이루어진 공간에 여백을 주며 작품을 걸었고, 한쪽 벽면 전체에 중국어로 된 성경을 전사했다. 이는 동양화와 어우러지는 디자인으로 눈길을 끌면서 포토존이 되고, 관람을 마친 후에는 의미를 깨달아 큰 울림으로 다가올 것이다. 관객이 사용할 포스트잇 색상 또한 고민 끝에 성경과 통일되도록 검은색 테두리가 있는 흰색으로 정했다.

“생각보다 관객들이 답변 적는 것을 즐기네요.”

K 팀장은 회사 측에서도 자유로운 이미지를 구축하는 데 도움이 되고 있어 만족한다는 말을 보탰다.

흑백의 드로잉마다 중앙에 붉은 글씨로 [당신은 행복하십니까]라는 텍스트를 넣었다. 관객들은 그림을 감상한 후, 준비된 포스트잇에 저마다의 생각을 적어 벽에 붙였다. 대부분 즐거운 표정으로 가볍게 써 내려갔다.

"하루하루 존버하고 있습니다."

"사랑하는 가족들을 보면 행복하지요."

"남과 비교하지 마라. 아프리카 운운하지 마라."

"이게 행복인지 잘 모르겠다. 진짜 행복이 있을까?"

"우리 자기, 항상 행복하자."

"샬롬. 오늘도 숨 쉴 수 있음에 감사합니다."

다음 코너로 이동하면 벽에 QR코드가 등장한다. 헤드셋을 착용하고, 핸드폰을 가져가면 중국 성도들의 목소리가 흘러나온다. 녹음파일에는 공안이 들이닥치는 장면까지 담겨 있다. 호기심 가득했던 관객들은 이내 조용해졌다. 조용히 눈물을 훔치는 이도 보인다.

한국으로 돌아와 바쁘게 전시회 준비를 하면서 그들의 목소리를 다시 듣게 되었다. 그때와는 다른 울림이 일었다. 숨을 들이켤 때는 공포가, 말을 내뱉을 때는 단호함이 전해졌다. 헤드셋 너머로 폭풍 직전의 고요함 같은 긴장감이 느껴졌다. 당시에는 그들이 내내 차분함을 유지한다고 생각했으나 말씀을 읽는 목소리는 울음을 참고 있었다.

전시의 마지막 코너에 이르렀을 때, 관람객에게 다시 한번 질문했다.

〈 당신은 행복하십니까 〉

“행복이라는 단어를 너무 쉽게 생각한 것 같아요.”

“대답하기 어렵다.”

“나는 행복한 사람입니다.”

“질문에 대해서 오래 생각할 것 같습니다.”

“울림이 있는 전시였어요.”

관람객들이 돌아가고, 포스트잇 위에 쓰인 답변을 하나씩 손끝으로 읽었다. 글자는 손등을 타고 스며들며 중국 성도들을 떠오르게 했다. 통제되는 그들의 숨, 그 안에서 찾는 평화와 기쁨. 그리고 그들과 연결된 나. 그들의 믿음 앞에서 나는 나약하고, 감히 동참하기에 신을 아는 지식 또한 미약하지만, 내가 선 땅에서 나아가 본다. 귀로 들은 그들의 언어가 내게 남긴 잔상을 선교사의 연필로 포스트잇에 적었다.

“여호와여 주의 이름을 아는 자는 주를 의지하오리니 이는 주를 찾는 자들을 버리지 아니하심이니이다(시 9:10)”

〈 당신은 행복하십니까 〉라는 질문은 적어도 나에게는 점차 기도가 되었다. 그리고 중국의 목소리가 많은 이들에게 전해지길 소망했다. 이러한 이유로 포스트잇 외에 포털 사이트와 각종 SNS에서 전시회 후기를 찾아 읽곤 했다. 사람들은 전시장의 길게 늘어선 성경 텍스트 앞에서 사진을 찍으며 웃었다. 누군가는 기도하는 손 모양을 하거나 텍스트를 읽는 포즈를 취했다. 그리고 저마다의 소감을 적었는데, 그중 하나의 DM은 긴 여운을 주었다.

"작가님, 왜인지는 몰라도 녹음된 목소리를 듣고 눈물이 났어요. 전시회에 다녀온 이후 질문이 머릿속을 맴돌아요. 저도 작가를 꿈꾸는 미술학도로서 고민의 깊이를 더해야겠다는 결심을 했어요."

이처럼 행복이라는 단어는 기대보다 친밀했고, 강력했다. 물론, 수많은 응원 가운데 심장이 덜컥 내려앉는 메시지도 있었다.

"하하, 감동적이었어요. 그런데 다음에는 전시 활동 안 하면 좋겠네요. 예술한다는 핑계로 선 넘지 마요."

그럴수록 나는 이 프로젝트가 칠레에서 처음 실행되었던 정신을 기억하여 게릴라성 전시를 이어가기로 했다. 작업은 간단했다. A4용지에 [당신은 행복하십니까]라는 문구와 QR코드를 프린트하여 전봇대, 버스 정류장, 카페 테이블, 도서관 엘리베이터 등에 붙이고 도망치는 것이다.

그리고 어떤 날은 폼보드에 붙인 문구를 들고 나가 지하철역에서 지나는 사람들에게 질문했다. 대부분의 사람은 급히 나를 지나쳤고, 어떤 이들은 카메라를 켜고 이 특이한 사람을 촬영했으며, 어떤 이는 다가와 포스트잇에 답변을 적기도 했다. 지나가던 시민이 신고해서 역무원이 매섭게 경고하기도 했고, 그렇게 혼이 나는 모습은 구경거리가 되었다. 개념 예술가라는 명목으로 작업을 밀고 나가면서도 역무원이 언제 나타날지 몰라 늘 두려운 마음이 있었지만, 공안에 대한 경험은 담력을 쌓기에 충분했다. 그들은 나와 비교할 수도 없을 정도의 공포를 안은 채 지금도 살아내고 있겠지. 나의 작업은 내 삶의 일부가 되어 갔고, 서서히 번져나갔다.

신라은행 문화사업팀에서 연락이 왔다.

“작가님, 이 프로젝트를 순회 전시로 확장하고 싶습니다. 일단 광역시부터 전시관 마련하겠습니다. 그리고 작가님께서 지금 하시는 작업에서 아이디어를 얻었는데요. 소도시에서는 전광판들을 빌려서 전시하려고 합니다.”

K 팀장은 서울에서의 전시 이후 부산과 광주, 대전, 대구, 제주까지 순회전을 기획했다. 대형 전시장뿐 아니라 지역 도서관, 문화센터, 구청 로비 등 다양한 공간에서도 열렸다.

크게 기대하지 않았던 소도시에서 전시는 곳곳의 작은 전광판을 이용하면서 생각지 못한 표정의 변화가 생겼다. 그 표정이란 단순한 텍스트와 함께하는 관객들의 반응 때문이었다. 전시회를 관람하기 위해 서울까지 가야 하는 현실 속에서 만난 행복 프로젝트는 단비와 같았다. 사람들은 단순한 질문 앞에 멈춰서 저마다의 표정을 지으며 화답했다.

도시의 중심을 가로지르는 하천 다리에서 포스트잇이 발견되면서 기사화 되기도 했다. K 팀장은 기뻐하며 “작은 QR코드, 한 사람의 생명을 붙잡다”라는 기사의 링크를 보내왔다.

사진 속에는 푸른 산을 배경으로 천이 흐르고, 그 위를 가로지르는 길지 않은 다리에 꽃바구니가 쭉 걸려 있다. 사람들이 산책하고, 자동차가 건넌다. 그곳에 눈에 띄지 않을 만큼 작은 포스트잇이 삶을 붙들고 있다.

"죽으려고 나왔습니다. 죽기 전에 한 번 들어나 보자 했더니 나보다 더 절실한 사람들의 목소리가 나왔습니다. 나보다 행복하지 않을 것 같은데 행복해하더라고요. 저는 행복하지 않습니다. 그렇지만 살아봐야겠다는 생각이 들었습니다. 진심을 전해줘서 고맙습니다. 집으로 갑니다."

처음 청구 예술 단지에서 [당신은 행복하십니까] 질문을 보면서 인간으로서의 행복에 대해, 죽음에서 자유롭지 않다는 고민의 답을 찾은 느낌이다.

"정치적으로 보일 수도 있고, 종교적 성격도 있어 걱정했는데 괜찮았던 모양이네요."

"덕분에 자유라는 저희의 목적을 이룰 수 있었습니다. 회사에서는 오히려 종교에 국한되지 않고, 삶에 대한 근원적인 질문으로 읽혔다고 했습니다. 정치적이라기보다 시대의 진심을 생각해 볼 수 있다는 평도 있었고요."

예술은 이로워야 한다는 생각은 여전하다. 숨 막히는 검열 속에서 칠레 국민은 아름다운 그림을 그리고 감상할 여유가 없었다. 회화는 사라지고 퍼포먼스만이 겨우 남았다. 문학은 또 어떠한가. 네루다는 썩어가는 현실을 웅변했고, 반대 세력은 시인의 사상에 물들지 않도록 벽에 낙서 같은 글씨를 써댔다. 매일이 싸움이었다. 그러나 예술은 행위자를 단단하게 만들고 서로의 간극을 메워주는 역할을 한다. 결국 그들은 하나가 되어 목소리를 내었고, 그 목소리는 살아갈 수 있는 현실을 만들었다. 순수함이 빚어내는 예술의 위대한 힘을 의심

없이 믿고 있다.

나 또한 처음에는 숨죽이며 바위로 막혀 단절된 길과 소통이 불가한 얼굴을 표현하고 싶었다. 그러나 이제는 자신의 질문에 머뭇거리지 않게 되었다. 또렷한 목소리를 들려주고, 행복을 물어보면서 세상 너머의 것을 바라보게 하려 한다.

알프레도 자르의 심정을 떠올려 본다. [당신은 행복하십니까]라는 질문이 나의 기도가 되어 사라지지 않고, 그 자리부터 아름다운 색으로 번져나가기를 마음속으로 그려본다. 그가 세운 질문처럼 사람들이 현재 자신의 상황을 인지하고 앞으로의 진정한 행복을 위해 생각하기를, 나아가 중국 성도들의 목소리를 기억해 주기를, 하늘의 금고가 쌓여가기를 소망한다.

이제는 자리 잡은 프로젝트를 신라은행이라는 커다란 기업에 맡긴 채, 나에게 작품을 넘어 인생의 해답을 준 중국으로 향하려 한다. 하지만 그때마다 발목을 붙드는 이들이 있다. 중국 교인들과 내가 꿈꾸는 자유가 이어지면서 억압 또한 스며들게 된 것이다. 그들과의 연대에 내심 뿌듯했지만, 긴장감을 늦출 수는 없었다.

"포스트잇에 글을 쓰게 하는 당신, 누군가는 위험인물 명부에 당신의 이름을 기록하고 있다는 걸 기억하세요."

"행복을 자유롭게 외칠 수 있다고 생각하겠지만, 그 자유가 칼이 되어 타인들을 해칠 수도 있습니다."

걱정이라는 명분으로, 시샘을 가린 얼굴로 나를 막아서지만, 많은 예술가가 목소리를 내고 결국 칠레에 자유가 찾아온 것처럼 용기 내려 한다.

중국에 도착하여 버스에 몸을 실었다. 창밖으로 '조화로운 사회를 위해 질서를 지킵시다' 문구 아래 교복 입은 학생들의 모습이 보인다. 전혀 어울리지 않는 억압과 자유는 자연스럽게 이어져 있다. 그러나 학생들의 천진한 웃음에서 자유의 씨앗이 심겨 있음을 알려준다.

처음 방문했을 때 을씨년스러웠던 단단공원에는 잔잔한 바람이 불고 있었다. 나뭇잎 사이로 햇살이 비치고 아이들이 뛰어놀았다. 소풍 온 가족과 나란히 걷는 연인들이 아름다웠다. 스케치하던 낡은 벤치에는 책을 읽는 중년 여성, 핸드폰을 보는 학생들이 앉아 있었다. 나는 한가로이 눈을 감고 있는 이에게 다가가 준비한 쪽지를 의자에 내려놓았다. 인기척이 느껴지자 그는 느릿하게 눈을 떴다.

〈 당신은 행복하십니까 〉

자유를 향한 문이 열리기를 바라며.

중국의 새로운 종교 활동 규제

1) 개정 종교 활동 규제 내용

중국 국경 내 외국인 종교 활동 관리 규정 시행세칙(이하 '시행세칙')이 2025. 5. 1. 부로 시행될 예정으로 공표되었다. 시행세칙은 기존 22개 조항을 38개 조항으로 늘림으로써 중국 내 외국인 종교 활동 관련 내용을 더 상세하게 규정하고 있으며, 제4항은 금지된 종교 행위 구체화로 11개의 세부항목이 있다.

① 중국 종교사무에 대한 간섭 ② 종교조직 또는 종교학교 설립 ③ 종교 극단주의, 불법 종교 활동 지원 등 중국 사회안정 저해 ④ 허가받지 않은 설교, 설법, 단체 종교 활동 ⑤ 중국 국민을 신도로 만들거나 성직자로 임명 ⑥ 종교를 이용하여 사회제도 시행을 방해 ⑦ 종교 홍보물 제작、판매、배포 ⑧ 중국 국민에게 종교적 기부금을 받는 행위 ⑨ 종교 교육 및

훈련 조직 ⑩ 인터넷을 활용한 불법 종교 활동 ⑪ 기타 종교 관련 불법 행위

2) 중국의 종교 정책과 중국몽(中國夢)

국가종교사무국이 과거에는 국무원 직속기관이었으나 현재는 중국 공산당 통일 전선부(United Front Work Deparment) 산하로 편제 되어 있다고 한다.[1] 시행세칙은 중국 최고 지도자 시진핑의 정책구호인 중국인의 꿈(中國夢)과 전혀 무관 하지 않으며, 종교의 중국화(中國化)와 연결된다. 중국공산당의 독재가 최선임을 각인시키는 게 중국 지도부가 중국몽을 내세우는 진짜 의도이다. 기독일보 보도에 따르면 올해 4월 내몽골 자치구에서 9명의 기독교인이 등록되지 않은 가정교회를 통해 합법적으로 출판된 성경을 재판매한 혐의로 유죄 판결을 받았다. 이들은 징역 1년에서 최대 5년 형을 선고받았으며, 벌금액은 최대 100만 위안(약 1억 3,700만 원)이다.[2]

---

1 「시진핑 시대 중국 종교정책과 중국 교회의 동향」, p.3-4.

2 「중국 정부, 교회 십자가 철거 반대하는 목사 구속 불법 경영 혐의 적용, 국제사회 비판 고조」, 《기독일보》, 2025.8.4.

어린양의 노래를 노래하고 있습니다

(계 15:3)

박영국

해제

'북한어 성경(빌립보서) 필사본'(LNK 30주년 기념 사진집, 2018년 발행, 100-101페이지 참조)을 남기고 북한으로 돌아간 순교자 후손 A를 처음 만난건 2009년 6월이었습니다.

A의 증언에 의하면 교인들은 한국 전쟁 기간에 북-중 접경지역으로 추방되었고, 교회는 불에 타 없어졌으며, 아버지와 친척 목사님은 총살, 사모님은 수용소로 끌려가 소식을 모른다고 했습니다. 이야기를 들으면서 성찬식을 함께했던 기억이 여전합니다. 사진 및 주소와 전화번호 등은 보안과 안전을 위해 공개하지 않으며, 실제 들은 이야기를 바탕으로 히스토리컬 픽션(실제 이야기에 창의적인 사고와 상상을 수단으로 소설화)으로 재 구성한 내용이 어린양의 노래를 노래하고 있습니다(계 15:3)입니다. 실제 일어났던 순교 이야기와 사건은 출처를 간단히 밝히거나 부연 설명하였습니다.

11월 30일!!

1973년 11월 30일.

40여년 전 눈앞에서 벌어진 참상은 공포이자 두려움을 안겨주기에 충분했던 광기의 시간이었다. 기억에서 멀어지거나 쉽게 왜곡 되지 않았다. 날이 갈수록 선명해져 평생을 간직해야만 할 추억처럼 가슴 한편에 남아있다. '처단하자! 처단하자!'라고 소리치던 그들의 모습은 어두움 그 자체였다.

1973년 11월 30일은 내가 열 일곱살이 되던 날이었다. 오전 11시에 신흥군 안전부로부터 갑자기 공설운동장에 집합하라는 지시가 내려졌다. 신흥군 읍내에 거주하는 사람들은 학생이건 노인이건 하나같이 무슨 영문인지 몰라 어리둥절해했고 나도 아무 것도 모르는 채 지시에 따를 뿐이었다. 운동장에 모인 사람들은 인민재판이 있을지도 모른다며 쑥덕거리고 있었다. 추측은 빗나가지 않았다. 오후 2시쯤 되자 짐칸을 포장으로 둘러친 트럭 한 대가 군중 앞으로 달려와서 멈췄다.

안전원들이 달려와 트럭에서 세 명의 노인들을 끌어내렸다. 그들에 대한 인민재판이 시작되었다. 그 재판은 신흥군 당위원회와 안전부가 주최했는데 지도는 평양중앙재판소의 지도성원이 직접 맡았다. 운동장에는 세 명의 노인들과 25톤 소형 프레스가 차에서 내려져 설치돼 있었다. 그 노인들은 심한 고문을 당했는지 걸음을 옮겨놓을 때마다 몸을 제대로 가누질 못하고 비틀거리고 있었다. 참으로 보기에 딱하고 안쓰럽기까지 했다.

세 명 중 한 노인이 하늘을 올려보며 뭐라고 기도를 시작했다. 기력이 모자라 그런지 아니면 목이 쉰 탓인지 알 수 없지만 노인의 기도소리는 옆 사람에게도 거의 들리지 않을 정도였다. 노인의 기도가 끝나자 다른 두 명의 노인도 '아멘…'하고 입을 모았다. 참으로 이상했다. 죽음을 목전에 둔 그 노인들의 표정이 너무도 평화로웠다. 나는 남한으로 와서 그 이유를 알았다. 그 노인들은 이미 순교를 결심하고 있었기 때문이다. 그들은 죽음을 초월하고 있었다. 노인들의 기도가 끝나자 군중들 가운데 선동대원으로 보이는 몇 명의 청년들이 '처단하라' '처단하라'고 소리쳤다. 그 소리가 신호인 듯 또 다른 청년들이 노인들 앞으로 나와 입에 재갈을 물렸다. 중앙재판소에서 내려왔다는 지도원이 군중을 향해 소리쳤다.

"동무들! 어버이 수령 김일성 동지의 유일 사상으로 튼튼히 무장하기 위해 전체 인민이 하나같이 단결 해나가고 있는 이 시점에서 악독한 자들이 우리 공화국에 존재한다는 것이 믿기지 않소. 놀라웁게도 아직 저 반동 종교인들이 남아서 지하활동을 펴 왔다고 하니 저자들은 어버이수령 김일성 동지의 교시를 귀담아 듣기보다는 종교라는 아편에 중독이 되어 저들만의 쾌감을 즐겨 왔던 게 분명하오! 그렇다면 저들의 골통 속에 과연 뭣이 들어있는지 이제부터 우리 다같이 관찰해 봅시다….” 그의 연설은 처음부터 극악적 잔인성에 가득 차 있는 선동적 발언이었다.

세 명의 노인은 위생 검열단 검열과정에서 성경책이 발견되어 거기까지 끌려오게 되었다. 북한에서는 위생검열이라는 명목으로 검열단이 각 가정은 물론 공장과 기업소, 협동농장까지 불시에 검열을 한다. 그들은 그날 신흥군 상원천리의 한 집에서 은밀히 집회를 갖고 있었다. 느닷없이 들이닥친 검열단은 성경책을 빼앗고 그들을 체포했다. 재판소 지도원의 연설이 끝나자 군중 속에 끼어있던 사복 안전원들이 ‘처단하자! 처단하자!’라며 구호를 외쳤다.

주민들도 웅성웅성 하더니 차츰 그 구호를 따라 외쳤다.

“작동준비!”

“작동!”

구령이 떨어지자 안전원들이 스위치를 눌렀다. 동시에 25톤급 소형 프레스가 서서히 작동하기 시작했다. 압축판이 노인들의 머리를 향해 조여들고 있었다. 마침내 압축판이 노인들의 머리를 사정없이 짓눌렀다. 노인들은 비명을 질렀다. 잠시 후 갑자기 두개골이 터지는 소리와 함께 뇌수와 선혈이 사방으로 튀겼다. 그 같은 참상을 목격한 주민들은 비명을 지르며 고개를 돌렸다. 나 역시 눈앞이 아찔해졌다. 악몽 속으로 빨려 들어가는 것 같아서 곁에 서 있던 동료를 끌어안고 말았다. 주민들은 한동안 몸이 굳은 듯 전혀 움직이지 않았다. 동시에 야수 같은 살인자들을 마음속으로 저주하며 치를 떨고 있었다. 대부분의 부인들은 울음을 터뜨렸다. 처형의 마무리 단계에서 중앙 재판소에서 내려왔다는 그 지도원은 '종교의식을 가진 자. 또 그러한 자와 결탁한자는 이유를 불문하고 무조건 이자들과 똑같이 처벌받게 될 것이오' 라고 말하는 총총히 어디론가 사라졌다. 북한에서는 그 세 노인뿐만 아니라 1970년대 초부터 중반에 이르는 1976년까지 여러 곳에서 비밀리에 하나님을 섬기던 기독교인들이 김일성 집단에 무참히 처형을 당했다.

"세 노인의 모습은 주님의 능력을 만방에 알리는 신호라 생각합니다."

내 얘기를 다 들은 후 영철이 엄마가 내게 말했다.

중국 방문에 힘을 보태고 같이 기도 했던 영철이 엄마는 고중(고급 중학교, 우리나라 고등학교에 해당)국어 교원(교사)이었다. 그녀의 말투는 느리면서도 또박또박했다. 깊은 이야기는 침묵 끝에 중얼 거리듯 반복 하는 습관이 있었다. 가슴 먹먹한 이야기도 담백한 고백처럼 전달할 줄 알았다.

여름과 가을의 중간 쯤 어느 날, 영철이 어머니가 들려줬던 이야기는 이전 이야기와 달리 그녀가 읽었던 책에 나오는 내용으로 나는 잘 몰랐다. 영철이 어머니 이야기 속 주인공은 토마스 선교사였다. 중국을 방문하여 성찬식을 함께 한 후 그 이야기를 들으며 우리들은 잊혀진건가 하는 서러움과 탄식속에 절절히 눈물 흘리며 슬픔을 토해내던 나날들이 사무치기도 했다. 영철 어머니의 이야기 속 토마스 선교사의 모습이다.

리조실록에는 황해도 감사 박승휘가 임금에게 올린 장계에 의하여 영국 선교사 토마스에 관한 자료들이 밝혀져 있다. 토마스는 나이가 서른 여섯이고 키는 7척(尺) 5촌(寸), 얼굴빛은 검붉고, 머리칼은 노란 곱슬머리이고, 수염은 검다. 옷차림은 회색 모자를 썼고, 검은 색과 흰 색의 반점이 있는 융으로 만든 저고리를 입었으며, 검은 색 가죽 신발(木靴)를 신었다. 그는 문직(文職)의 4품 관리로서 영국인이었다. 24명의 이름과 나이에 대하여 물어보니 토마스가 하인으로 범칭하면서 자세히 묻는 것을 용납하지 않았기에 확실하게 알 수는 없었다. 그러나 얼굴 생김새와 옷차림, 머리칼과 수염은 모두 청나라 사람과 같은 모양이었다. 그런데 조선기독교사에는 그가 이미 1865년 9월부터 두달 가까이 황해도 백령도에 와있은 일이 있었다.

영철이 어머니의 이야기를 들으며 3천여명의 선교사를 남과 북 한반도에 보내주고 후원해 준 외국 여러 나라 교회와 그리스도인들에게 감사 드렸다. 그들의 수고와 헌신 눈물과 순교, 기도가 있었기에 우리가 하나님의 자녀와 백성이 되었으니까.

그는 평소 우리가 듣기 어려운 1968년 일어난 기독교인 박해와 45명이 순교 당한 이야기를 자세히 알려 주었다. 1968년 6월, 이른바 '박 목사 사건'이 일어나게 되어 북조선에서도 신앙생활이 건재하고 있음이 증명되고 그들의 종교말살 정책이 그 소기의 목적을 달성하지 못하였음이 폭로되었다. 평남 온천(溫泉)군 운하리에는 개성에서 강제 이주된 사람들이 모여 살던 부락이 있었다. 그 부락에서는 가끔 김일성을 비방하는 소문이 돌거나, 협동농장의 공공재산이 감쪽같이 파괴되기도 하고, 가축들의 떼죽음이 자주 일어나서 당 간부와 사회 안전원들을 당황하게 하였다.

일이 이쯤 되고 보니 자연히 개성 출신자들이 의심을 받게 되었다. 안전원들은 그들을 오랜 기간에 걸쳐 뒷조사했다. 그 가운데 박 모씨 라고 하는 목사가 있음을 알아냈다. 그를 잡아 혹독하게 취조했지만 뚜렷한 단서를 잡지 못했다. 그들은 박 목사를 함경북도의 한 특수구역으로 이주시키기로 결정했다. 박 목사는 감시자들이 지켜보는 가운데 이삿짐을 꾸렸다. 그 과정에서 박 목사의 가족들은 태극기와 성경을 제대로 숨기지 못해 결국 발각되고 말았다. 사회안전원들은 이삿짐을 그대로 팽개치고 곧바로 박 목사를 연행했다. 태극기와 성경을 증거로 자백을 강요하였다. 박 목사는 그 물건들은 자기가 한국전쟁 전부터 가지고 있던 것으로 찾아내어 태워버리지 않았던 데 대하여는 책임을 느끼지만 그것이 죄가 될 것은 없다고 완강히 버티었다. 그러자 그들은 그 부락 주민들을 모아 놓고는 태극기와 북쪽 국기 가운데 하나를 찢으라고 명령하였다. 박 목사가 이를 거절하자 이번에는 사람들이 지켜보는 앞에서 성경을 태워보라고 안전군관은 명령하였다. 박 목사는 그것도 거부했다. 그들은 교활한 미소를 띠며 박 목사를 다시 연행해 갔다. 개성 출신의 부락민들이 군 사회안전부로 몰려가 박 목사에게는 아무 협의도 없다고 진정하니, "너희는 모두 아편쟁이다"라고 하면서 "하나님을 믿으며 살려면 백두산 꼭대기에 가서 믿어라"라고 하며 얼마 후 개성출신들을 함경북도의 산간 벽지 특수구역으로 추방했다. 박 목사는 행방불명, 다시 말해 비밀리에 처형되었다.

북조선 소식통(외신)에 의하면, 북조선 광산의 3만 명 가량의 광부들 가운데 매주 일요일이면 약 1,500명 정도가 상습적으로 결근하는 일이 있어 정보원이 이를 조사한 일이 있다고 한다. 그 결과 4, 5명 또는 7, 8명씩 바위틈이나 나무 밑 가운데 모여 앉아 침묵의 예배를 올린다는 것이다. 이 사실이 발각되어 순교 당한 교인의 수가 45명 이상이나 되었다고 한다.

금실이 아버지는 평양의 최근 풍경을 보도선전(출판물이나 통신, 방송 따위를 통한 선전)을 통해서 접했다. 전도사였던 할아버지와 어려서 걷던 모란봉을 떠 올렸다. 평양을 흐르는 대동강 오른쪽에 있는 산은 금수산이다. 가장 높은 곳을 중심으로 연이어 솟은 봉우리는 모양이 모란 꽃을 연상시킨다고 하여 모란봉이라고 한다. 남쪽은 만수대로 김일성과 김정일 동상이 자리하고 있으며 북쪽은 용(룡)남산, 동쪽 기슭에는 청류벽이라고 하며, 청류벽 위에는 부벽루라는 유명한 누각이 있다. 할아버지와 할아버지의 지인들, 친척들, 그리고 후손들에게서 들은 평양 교회들은 장대현 교회(평양 학생 소년 궁전), 남산현 교회(인민대학습당), 남문밖 교회(김일성 광장), 산정현 교회(지하철 승리 역과 제1 백화점), 서문밖 교회(만수대 예술극장 ·만수대 분수 공원)이다. 모란봉 극장을 가면 할아버지는 여기가 평양 신사(1938년 9월 10일 장로교 제 27회 총회 기간 중 우상 숭배한 곳)가 있던 자리라고 하시면서 결코 용서 받을 수 없는 미련한 짓을 본인이 한것처럼 눈물을 보였다. 내게는 마치 기도처럼 보였다.

금실이 아버지의 할아버지는 이기선 목사님(1915년 평양장로회신학교 제8회 졸업생), 김창인 전도사(훗날 충현교회 설립-현재 역삼동 소재)님 등과 함께 신사참배 반대 운동에 헌신 했으며, 이러한 지도자들에 의해 1940년 북한에서 지하교회가 태동 하게 되었다.[1]

금실이 아버지가 예배를 인도하면 늘 "교회는 십자가의 목재로 지은 방주요 그 운행은 순교자의 피로써 되어왔다"라는 말을 다 함께 암송하며 예배를 시작했다. 또한 마지막 하나님의 말씀인 계시록 22장(2절)과 첫 성경인 창세기 2장에 등장하는 생명나무를 말하며, 첫 책과 마지막 책에 등장하는 생명나무 사이에(중간에) 또 다른 나무인 골고다 언덕의 나무(십자가)가 우리의 노래가 되어야 한다고 우리의 본분을 돌아보게 했다. 금실이 아버지는 종종 몸까기(다이어트)를 하면서도 고기겹빵(햄버거)을 좋아하는 금실이에게 고기겹빵을 사다주기도 했는데 윤동주의 시 자화상, 별 헤는 밤, 서시, 참회록, 십자가, 팔복, 또 태초의 아침을(1941년 창작) 낭독하기도 했다. 이러한 윤동주의 작품을 언제 어디서 누구에게 어떻게 구했는지는 함구하여 모른다.

또 태초의 아침
하얗게 눈이 덮이었고
전신주가 잉잉 울어
하나님 말씀이 들려온다
무슨 계시일까

빨리
봄이 오면
죄를 짓고
눈이
밝아

이브가 해산하는 수고를 다하면
무화가 잎사귀로 부끄런 데를 가리고
나는 이마에 땀을 흘려야겠다

'왜 윤동주의 시를 좋아하고 낭독하나?' 했었는데 중국을 방문하여 한국에서 오신 선생님에게 틈틈히 듣고 반복해서 들으면서 광복전에 평양에 봉수리가 있었다는 사실과 숭실 중학교 학생으로 봉수리 교회 주일 학교 교사로 활동하던 윤동주와 조우 했었기에 금실이 아버지는 윤동주의 시를 좋아한 것이었다. 한국 전쟁 이후 북녘에 최초의 교회가 세워진 곳이 평양 봉수리였다(1988년)는 사실을 모르는 사람도 있다. 내가 그랬으니까

북한어 성경 빌립보서 필사를 마치고 함께 예배드리는 우리 '그루빠'(그룹, 모임의 북한말)를 떠올려 본다. 우리는 서로 서로 오가며 연락하고, 라디오를 몰래 가지고 있는 사람은 광야의 소리 방송(주: 모퉁이돌 선교회 - 중파 1566 khz, 주일 새벽 4:00-5:00, 수 새벽 4:30-5:00)을 듣고 방송 내용을 나누고, 김일성, 김정일 생일에 모이면 옛날 노래를 부르는 척 찬송가를 부르기도 한다. 다른 사람들이 들으면 생일을 축하하는 모습이다.

남에서 오신 선생님과 귀한 만남은 하나님의 위로였으며, 우리 주 예수 그리스도로 말미암아 승리를 주시는 하나님께 감사(고전 15:57) 드린 복된 시간 이었다. 정해진 시간이 되어 북으로 남으로 떠나기 전, 다시 또 한반도를 위해, 남쪽과 북쪽의 교회와 성도들을 위한 기도에 이어 나의 간구가 이어졌다.

"아버지! 하늘에 계시는 아버지, 항상 우리를 염려해 많은 것을 생각하고 만민을 다 어루만져주고 기억해 생각하여주

시니 대단히 감사합니다. 아버지 저는 괴로워서 하나님의 뜻을 위해서 살지 못하지만 아버지는 나의 모든 뜻을 알아차리고 다 해결 주려고 애쓰고 먹을 것 입을 것 다 해결해 주고 있는 것이 아버지입니다. 아버지가 모든 것을 해결해 줌으로써 내가 여태까지 먹고 살고 잘 입고 있었습니다. 아버지 대단히 감사합니다. 감사합니다. 하늘에 계신 아버지는 땅에 있는 우리를 항상 만져주고 우리를 귀엽게 여겨줌으로써 우리는 이만큼 살고 있습니다. 아버지가 모든 것을 다 생각하여 줌으로써 우리는 여기서 많은 것을 생각하고 있습니다. 아버지 나는 말할 줄을 모르지만 아버지 내 뜻을 알아보시고 나를 많이 생각하여 줌으로써 내가 모든 것을 다 아버지 뜻대로 하려고 하는데 (잘) 되지는 않지만 아버지 뜻대로 살겠습니다. 아버지가 모든 것을 다 나의 뜻을 이루어주시는 것만큼 다 알지 못하지만은 아버지가 다 일깨워주고 이렇게 한국에서까지 사람을, 한국에 있는 선생님까지 여기에 오시게 하시고 여기에 있는 선생님들도 나를 위해서 이렇게 모두 도와주고 있는 것만으로도… 아버지가 아니면 이 사람들이 나를 도와 줄 수도 없으며 여기까지 찾아올 수도 없는데 여기 찾아와서 이렇게 나를 돌봐주니 어디 더 말할 것이 없습니다. 하나님 하나님 뜻이 아니면 이렇게 살수도 없습니다. 하나님 언제나 하나님만 믿고 살고 있는 이상 하나님 뜻대로 살겠습니다. 그리고 여기 오신 선생님들도 내가 (아버지) 뜻대로 살지 못하고 있음으로 인해서 나의 뜻을 이루어 달라고 하나님께 기도 드렸고, 이렇게 한국에서 오게끔 하시니 하나님 얼마나 감사한지 더 말할 것이 없습니다. 하나님 한 생을 내가 하나님 믿고 살며 이 사람들을 위해서 기도하며 이 사람들을 위해서 한 생을 잊지 않고 있겠습니다. 항상 이 모든 것을 잘 알려 줌으로서 나는 얼마나 기쁜지 더 말할 여지가 없습니다. 하나님 덕분에 내가 사는 것만으로도 예수님 이름으로 기도드립니다. 아멘."(2009년 6월, 순교자 후손 A 기도 녹취록)

자유 대한민국과 전혀 다른 세뇌와 선전선동 철저한 감시 속에서 어린양의 노래를 노래하며(계 15:3) 하나님과의 올바른 관계를 생각하고 인내하면서, 여전히 진리에 대한 갈증으로 고민하는 사람들과 이웃에게 삶의 표준이자 기준인 하나님의 말씀을 전하는 자들이 북녘에 남아 있음을 감사 드립니다. 샬롬!

북한 순교자

북한 15,657명의 순교자(1953-2006년까지). 6·25 전쟁이 끝난 후부터 현재까지 최소 1만 5,000명의 북한 기독교인이 종교를 이유로 처형당했다. 이 사실이 미국 풀러 신학대학원 李盤石(이반석) 목사의 논문을 통해 밝혀졌다. 「북한 지하교회의 존재에 대한 선교학적 이해」란 제목의 이 논문은 1953년부터 2006년까지 발표된 관련 문헌과 국방부 자료, 증언 등을 종합한 결과 총 1만 5,657명의 북한 지하교인이 정권에 의해 '순교'했다는 결론을 도출했다.

그동안 북한 지하교회 교인들의 공개처형 소식은 몇 차례 보도됐지만, 사례를 종합해 학술논문으로 발표한 것은 이번이 처음이다. 논문의 저자인 이반석 목사는 "1만 5,657명이란 숫자는 기록으로 드러난 사례만 합산한 것"이라면서 "실제 순교자 수는 그보다 두 배 정도인 3만 여명으로 예측된다"

라고 했다.[1] 美 풀러 신학대학원 李盤石(이반석) 목사의 논문은 2015년 문광서원에서 『북한 지하교회 순교사』라는 제목으로 출간되었다. 『북한 지하교회 순교사』 출간 이후 2022년 10월 14일 순교하는 교회, 선교하는 교회 세미나에서 '순교자의 터에 서 있는 북한 교회로 세계교회를 불러 모으시는(pull) 하나님의 선교' 라는 발제를 하였다. 발제를 통해 알게 된 것은 순교하는 교회이며 선교하는 교회인 북한 지하교회는 여전히 핍박과 환난 가운데 성장하고 있다는 것이다.

널리 알려진 순교자들 가운데 평양 산정현교회 출신 순교자들은 하나님 일꾼으로 충성하고 나라 사랑에 헌신한 '일사각오(一死覺悟)'의 정신을 알렸는데 주기철 목사, 최봉석 목사, 이기선 목사, 김철훈 목사, 정일선 목사, 방계성 목사, 유계준 장로, 조만식 장로, 백인숙 전도사 등 9명이다. 이들 모두는 공통적으로 신사참배 반대 투쟁을 벌였으며, 주기철 목사와 최봉석 목사는 옥고 투쟁으로 순교하고 다른 이들은 공산당에 의해 순교했다.[2]

한편 2019년 평양시에서 비밀리에 교회를 운영하다 보위부에 발각되어, 5명은 공개처형, 7명은 정치범수용소로, 30명은 노동교화형을 받았고, 가족 등 관련자 50여 명은 강제 추방되었다고 한다.[3]

1 「북한 지하교인 1995년 이후 최소 3720명 처형」, 《월간 조선》, 2008.10, 美 풀러 신학대학원 李盤石 목사 논문에서 재인용.

2 「순교신앙의 전승: 서울서노회 산정현교회」, 《한국 기독공보》, 2017.1.16.

3 통일부, 「2004 북한 인권보고서」, 《통일부 북한인권기록센터》, 2024.6, p.280-281.

작가의 말

믿음으로 모여 한 권의 소설집을 완성하였습니다. 저마다의 마음속 서사를 엮어 길을 내고, 독자 여러분들을 초대합니다. 재미있게 잘 읽히는 글보다는 문장에 담긴 진실함과 사랑을 보셨으면 좋겠습니다. 한민족의 아픔에 공감해 주시고, 말씀을 사모하는 마음을 다시 한번 환기해 주시길 바랍니다. 글을 쓰는 동안 북한의 동포를 만나고, 말씀을 사역하는 인물을 창조하고 무너뜨리며 진실에 가깝게 다가서고자 했습니다. 여전히 믿음조차 자유롭지 못한 신앙인들이 존재합니다. 그들에게 용기를 주는 소설이면 좋겠습니다.

누군가 함께 아파하고 있다고. 우리도 같이 신음하고 있다고. 그들의 아픔을 외면하지 않겠다는 약속의 활자로 마음을 나누었으면 합니다. 책이 나오기까지 많은 도움을 주신 문광서원 관계자님과 이삭 목사님, 이반석 목사님께 깊은 감사를 전합니다. 북한 선교사역을 위해 수고해주시는 모퉁이돌 선교회, 늘 고맙습니다. 누군가는 해야 할 일이지만, 선뜻 나서지 못하는 일에 앞장서서 물꼬를 터주신 사랑, 잊지 않겠습니다. 길모퉁이를 돌면 어떤 새로운 길이 펼쳐질까요. 여러 모퉁이를 힘겹게 돌아왔다고 생각했는데, 여전히 두렵고 겁이 납니다.

낯선 세상으로 향한 기대보다 두려움이 많아지는 녹록지 않은 현실입니다. 신앙을 지키며 사는 것은 모퉁이를 돌고 또 돌아야 하는 지난한 인내의 시간입니다. 부디, 나와 당신이 주님의 안전한 품에서 안녕하기를 바랍니다. 우리를 향한 당신의 계획하심을 믿습니다. 북녘땅을 향한 우리의 소망과 비젼도 주님은 모두 알고 계십니다.

늘 은혜의 잔이 넘치도록 부어주시는 주님의 사랑을 기억하며 독자와의 소통에 힘쓰는 좋은 작가 되겠습니다. 모든 영광을 주께 돌리며 미지의 모퉁이를 향해 묵묵히 나아가겠습니다. 날마다 기도하겠습니다. 간절한 마음을 담아. 반드시 응답해 주시리라 믿습니다.

노은희
소설가, 두원공과대학 미디어 문창과 교수

숨김표

초판 발행일 2026년 2월 6일

펴낸이 김성은
펴낸곳 문광서원
주　소 서울 용산구 한남대로 41-6
출판등록 제 2010-000074호
대표전화 02) 797-8846
홈페이지 www.munkwang.com
E-mail munkwangbooks@gmail.com

ISBN 978-89-98232-73-3 03230